Histoire Géographie

CAP

Enseignement Moral et Civique

Ouvrage coordonné par
Charles JACQUELIN
Inspecteur de l'Éducation nationale
Lettres et Histoire-Géographie
Académie de Bordeaux

Christine Alibert
Professeure formatrice académique
ÉSPÉ de l'académie de Bordeaux
Professeure de Lettres et Histoire-Géographie
Académie de Bordeaux

Christian Brunet
Formateur académique
Professeur de Lettres et Histoire-Géographie
Lycée professionnel Pré de Cordy,
Sarlat-la-Canéda (24)

Isabelle Crevisy
Formatrice académique
Professeure de Lettres et Histoire-Géographie
Lycée polyvalent Gustave Eiffel,
Bordeaux (33)

Agnès Dicharry
Professeure formatrice académique
INSPÉ de l'académie de Bordeaux
Professeure de Lettres et Histoire-Géographie
Lycée Biarritz Atlantique,
Biarritz (64)

Béatrice Lapeyre
Formatrice académique
Professeure de Lettres et Histoire-Géographie
Lycée professionnel Jacques de Romas,
Nérac (47)

Ludovic Yvrard
Formateur académique
Professeur de Lettres et Histoire-Géographie
Lycée professionnel Louis de Foix,
Bayonne (64)

DELAGRAVE

SOMMAIRE

HISTOIRE

ISBN : 978-2-206-40175-1

www.editions-delagrave.fr

GÉOGRAPHIE

THÈME 1

THÈME 2

SOMMAIRE

ENSEIGNEMENT MORAL ET CIVIQUE

Dans votre ouvrage, au fil des pages

Pour chaque thème du programme

Fil Rouge — À suivre et compléter au fur et à mesure, pour construire des notions ou des capacités du programme et faciliter la compréhension globale du thème.

PARCOURS VERT / **PARCOURS BLEU** — Pour différencier les activités autour d'une même thématique, individuellement ou par groupes. Pour progresser à son rythme dans les apprentissages.

LES CAPACITÉS — Pour travailler une ou plusieurs capacités du programme à l'aide de documents variés.

Activité finale — Pour faire le point tout en travaillant une capacité du programme.

À la fin de chaque thème

L'essentiel — Pour résumer ce qu'il faut savoir, mémoriser les principales notions et les repères du programme.

JE M'AUTO-ÉVALUE — Pour vérifier l'acquisition des connaissances avec des activités simples et ludiques.

Et aussi, pour bien préparer l'épreuve

Vers le CAP en 4 étapes — Pour construire une démarche de questionnement et de compréhension, analyser un document qui peut être choisi pour l'épreuve de CAP.

Je prépare l'examen — Pour servir de support de préparation à l'examen : des documents au choix et une fiche à compléter, prête à l'emploi.

Ressources numériques

Vidéos

Vidéo
« Pionnières ! Épisode 1 : Olympe de Gouges »
www.lienmini.fr/40175-01

Podcasts

Podcast
La lettre de Jules Ferry aux instituteurs du 27 novembre 1883
www.lienmini.fr/40175-04

Documents

Chronologie
Louis XVI et la Révolution française en quelques dates
www.lienmini.fr/40175-02

Schémas animés

Schéma animé
L'essentiel de l'objet d'étude 1 d'EMC
www.lienmini.fr/40175-25

Cartes interactives

Carte interactive
De l'Europe des 6 à l'Europe des 27
www.lienmini.fr/40175-08

Ressources enseignants

L'essentiel
Leçons modifiables et adaptées DYS à télécharger

Le Fil rouge
Exemples de schémas animés

Outils et activités

Outil
Pour construire votre frise chronologique, allez sur le site de Frisechronos.

THÈME 1

La France de la Révolution française à la Ve République : l'affirmation démocratique

La Révolution française qui bouleverse le pays à partir de 1789 met fin à la monarchie absolue de droit divin. Un long parcours débute alors pour que la République et la démocratie s'installent durablement en France.

Je fais le point sur mes connaissances

1 **Notez les mots qui vous viennent à l'esprit pour définir les termes suivants : « Révolution française » et « Démocratie ».**

« Révolution française » : ....

....

« Démocratie » : ....

....

2 **Reliez chaque devise à son régime politique. Aidez-vous des illustrations.**

Travail, Famille, Patrie

Unité, indivisibilité de la République, Liberté, Égalité, Fraternité ou la mort

Liberté, Égalité, Fraternité

Première République (1792-1804)

Gravure colorisée, 1796.

IIIe République (1870-1940)

Fronton d'une mairie de la fin du XIXe siècle.

État français, dit régime de Vichy (1940-1944)

Affiche de propagande, 1942.

Cinquième République (depuis 1958)

RÉPUBLIQUE FRANÇAISE
Liberté
Égalité
Fraternité

Logo actuel de la République française.

3 **Recopiez la devise qui vous semble le plus incarner des valeurs démocratiques.**

....

4 **À quel régime politique est-elle associée en France ?** ....

J'entre dans le thème

5 **Reportez dans les bulles les numéros ci-dessous.**

① La Bastille, prison d'État, symbole de l'arbitraire royal en matière de justice. Elle est aussi un dépôt de munitions et de poudre.

② Les canons illustrant deux causes de la prise de la Bastille : le retrait des armes pointées sur le faubourg Saint-Antoine et la recherche de poudre et d'armes.

③ La fumée des incendies qui ajoute une dimension dramatique à cet événement.

④ Le pont-levis et la porte d'entrée de la forteresse.

⑤ Des Parisiens attaquant la Bastille.

⑥ L'arrestation de De Launay, gouverneur de la Bastille, et la défaite de la garnison chargée de défendre la prison.

La prise de la Bastille, image d'Épinal publiée en 1880.

6 **À votre avis, pourquoi le 14 juillet est-il encore aujourd'hui une date importante ?** ....

....

Fil Rouge

Complétez le tableau au fur et à mesure de l'étude du thème. Ce tableau, une fois rempli, vous aidera à présenter, à l'oral ou à l'écrit, un recapitulatif du thème.

	Chapitre 1 La rupture révolutionnaire	Chapitre 2 Révolutions, République et républicains au XIXe siècle	Chapitre 3 Bâtir la République
Acteurs			- Jules Ferry
Avancées démocratiques			
Limites	- Des exclus de la citoyenneté : les femmes, les esclaves		Régime autoritaire de Vichy (1940-1944)

Chapitre 1

La rupture révolutionnaire

CAPACITÉ Identifier et nommer une période historique, ses continuités et ruptures chronologiques

L'année 1789

En janvier 1789, Louis XVI convoque l'Assemblée des États généraux pour régler la crise financière du pays. Afin de la préparer, les habitants du royaume se réunissent pour élire leurs représentants et présenter leurs souhaits et réclamations dans des cahiers de doléances. En 1789, le peuple devient ainsi un acteur majeur de la vie française en faisant irruption sur la scène politique et en participant aux journées révolutionnaires.

DOC. 1 Extraits d'un cahier de doléances

Constitution fixe à donner à la nation

De quelque manière qu'on nomme son gouvernement, une nation ne peut se dire libre, si elle ne fait elle-même ses lois ; si la propriété et la sûreté personnelle de chacun de ses membres ne sont pas mis sous leur garde inviolable[1] ; si chaque citoyen n'y a la faculté de manifester toutes les pensées qu'il croira utiles au maintien et au perfectionnement de l'ordre public. [...]

L'impôt

Le désordre des finances du royaume est-il tel que, pour préserver la nation de l'opprobre d'une banqueroute[2], et pour subvenir aux dépenses nécessaires du gouvernement, il faille à la masse énorme des impôts déjà établis en ajouter d'autres ? Ne serait-il pas possible d'atteindre ce double but en substituant aux impôts établis d'autres subsides[3] d'une perception plus facile et moins dispendieuse[4], en les répartissant également sur tous les sujets du roi indistinctement [...] ?

Demandes particulières du tiers état du Labourd [...]

4. Les députés des Basques Français dénonceront à la nation assemblée les recherches vexatoires[5] auxquelles se trouvent journellement exposés, de la part des agents du fisc, les habitants des paroisses de leur pays situés entre la Nive et l'Adour ; ils seront chargés d'un mémoire qui les détaillera et dont le tableau suffira pour intéresser la nation et le souverain à en arrêter le cours. [...]

Cahier des vœux et instructions des Basques Français pour leurs députés aux États généraux de 1789.

1. Inviolable : qui est comme sacrée, qu'on ne peut forcer.
2. L'opprobre d'une banqueroute : l'humiliation d'une faillite.
3. Subsides : sommes d'argent.
4. Dispendieuse : chère, coûteuse.
5. Vexatoires : qui vexent, humiliantes.

1 DOC. 1 **La société d'Ancien Régime est constituée de trois ordres : le clergé, la noblesse et le tiers état. À quel ordre appartiennent les « Basques Français » qui s'expriment dans cet extrait ?**

☐ La noblesse ☐ Le clergé ☐ Le tiers état

2 DOC. 1 **Complétez le tableau ci-dessous.**

Domaine des doléances (plaintes et demandes)	De quoi se plaignent les Basques Français ?	Que demandent-ils ?
Politique	L'absence de participation politique et de libertés	....
Impôt	....	....

DOC. 2 **La Déclaration des droits de l'homme et du citoyen de 1789**

Gravure colorisée de 1793.

3 **Recopiez la doléance (DOC. 1) qui correspond à chaque article entouré dans le DOC. 2.**

Article X : « Une nation ne peut se dire libre si […] chaque citoyen ....

....

....

....

Article XIII : « Ne serait-il pas possible d'atteindre ce double but en substituant aux impôts établis

....

....

....

....

Le saviez-vous ?

Les rédacteurs de la Déclaration des droits de l'homme et du citoyen se sont inspirés de la déclaration d'indépendance des États-Unis de 1776.

Activité finale

Reliez les articles de la Déclaration des droits de l'homme et du citoyen (DDHC) à ce qu'ils remettent en cause dans l'Ancien Régime.

Articles de la DDHC	Ancien Régime
Art. 1. Les hommes naissent et demeurent libres et égaux en droits. Les distinctions sociales ne peuvent être fondées que sur l'utilité commune. •	• Le roi peut décider seul de faire emprisonner quelqu'un.
Art. 3. Le principe de souveraineté réside essentiellement dans la nation. •	• La noblesse et le clergé ne paient pas d'impôts.
Art. 7 Nul homme ne peut être accusé, arrêté ni détenu que dans les cas déterminés par la loi, et selon les formes qu'elle a prescrites. […] •	• La monarchie absolue de droit divin concentre tous les pouvoirs.
Art. 13 Pour l'entretien de la force publique, et pour les dépenses d'administration, une contribution commune est indispensable : elle doit être également répartie entre tous les citoyens, en raison de leurs facultés. •	• La société est inégale et hiérarchisée, organisée en trois ordres.

Fil Rouge

Notez dans le tableau page 7 « le peuple » dans la case « Acteurs » et deux avancées démocratiques de l'année 1789.

La rupture révolutionnaire

CAPACITÉ Raconter la vie d'un acteur

Olympe de Gouges, une femme dans la Révolution

PARCOURS VERT

Olympe de Gouges, née en 1748, s'installe en 1790 à Paris où elle se fait connaître en tant qu'auteure dramatique. La Révolution lui donne l'occasion de s'imposer dans le débat des idées. Ses très nombreux écrits (pièces de théâtre, romans, pamphlets…) traitent en particulier de l'abolition de l'esclavage et de la place des femmes dans la société. Son projet de Déclaration des droits de la femme et de la citoyenne est son œuvre la plus connue.

Portrait d'Olympe de Gouges attribué à Alexandre Kucharsky, vers 1788.

DOC. 1 Déclaration des droits de la femme et de la citoyenne (1791)

Préambule
Les mères, les filles, les sœurs, représentantes de la nation, demandent d'être constituées en Assemblée nationale. Considérant que l'ignorance, l'oubli ou le mépris des droits de la femme sont les seules causes des malheurs publics et de la corruption des gouvernements, [elles] ont résolu d'exposer dans une déclaration solennelle les droits naturels, inaliénables[1] et sacrés de la femme […].

Article premier. La femme naît libre et demeure égale à l'homme en droits. Les distinctions sociales ne peuvent être fondées que sur l'utilité commune. […]

Article 3. Le principe de toute sainteté réside essentiellement dans la nation, qui n'est que la réunion de la femme et de l'homme: nul corps, nul individu ne peut exercer l'autorité qui n'en émane expressément. […]

Article 6. La loi doit être l'expression de la volonté générale: toutes les citoyennes et citoyens doivent concourir personnellement ou par leurs représentants à sa formation; elle doit être la même pour tous. […]

Article 10. Nul ne doit être inquiété pour ses opinions même fondamentales, la femme a le droit de monter sur l'échafaud; elle doit avoir également celui de monter à la tribune. […]

1. Inaliénables : qu'on ne peut pas enlever à quelqu'un.

1 **DOC. 1** **De quel texte révolutionnaire Olympe de Gouges s'est-elle inspirée ?**

…………………………………………………………………………

…………………………………………………………………………

Quels sont les éléments qui vous ont permis de répondre ?

…………………………………………………………………………

…………………………………………………………………………

…………………………………………………………………………

2 **DOC. 1** **Pourquoi Olympe de Gouges demande-t-elle des droits pour les femmes ?**

…………………………………………………………………………

…………………………………………………………………………

…………………………………………………………………………

3 **DOC. 1** **Précisez quels sont ces droits en complétant le tableau à l'aide de la liste ci-dessous.**

libertés de pensée et d'expression • égalité en droits à la naissance • égalité devant la loi • souveraineté nationale incluant les femmes

Numéro de l'article	Droits demandés par Olympe de Gouges pour les femmes
1	…………………………………………
3	…………………………………………
6	…………………………………………
10	…………………………………………

DOC. 2 **Un club de femmes en 1793**
Chérieux, dessin et aquarelle, 1793.

Bio

Proche des Girondins qu'elle défend lors de leur arrestation, très critique envers les Montagnards au pouvoir, Robespierre et les dérives de la Terreur, Olympe de Gouges est arrêtée en juillet 1793. Elle est jugée et condamnée à mort par le Tribunal révolutionnaire le 2 novembre 1793. Elle est guillotinée le lendemain.

DOC. 3 **La mort d'Olympe de Gouges, selon un journal proche du gouvernement révolutionnaire**

Aux républicaines,

[…] Olympe de Gouges, née avec une imagination exaltée, prit son délire pour une inspiration de la nature. Elle commença par déraisonner, et finit par adopter le projet des perfides qui voulaient diviser la France[1] : elle voulut être homme d'État, et il semble que la loi ait puni cette conspiratrice d'avoir oublié les vertus qui conviennent à son sexe. […] Femmes ! voulez-vous être républicaines ? aimez, suivez et enseignez les lois qui rappellent vos époux, vos enfants à l'exercice de leurs droits ; soyez glorieuses des actions éclatantes qu'ils pourront compter en faveur de leur patrie, parce qu'elles témoignent en votre faveur ; soyez simples dans votre mise[2], laborieuses dans votre ménage[3] ; ne suivez jamais les assemblées populaires avec le désir d'y parler […].

La Gazette nationale ou Le *Moniteur universel*, 19 novembre 1793.

1. Perfides : ici, traîtres. Les « perfides qui voulaient diviser la France » désignent les Girondins, qu'Olympe de Gouges a soutenus.
2. Mise : manière d'être habillé.
3. Laborieuses dans votre ménage : travailleuses chez vous.

4 **DOC. 2** **Comment l'illustrateur représente-t-il les femmes dans cette assemblée ?**

. . . .

. . . .

Quelle est son intention ? . . . .

. . . .

5 **DOC. 3** **Soulignez dans le texte les trois reproches que fait l'auteur à Olympe de Gouges pour justifier son exécution.**

6 **DOC. 3** **Comment doit être une « républicaine » selon le texte ?**

. . . .

. . . .

. . . .

7 **DOC. 1 et 3** **Pourquoi peut-on dire que l'image de la femme présentée dans le journal est à l'opposé de celle souhaitée par Olympe de Gouges dans sa Déclaration ?**

. . . .

. . . .

Activité finale

Racontez en quelques lignes la vie d'Olympe de Gouges pendant la Révolution française.

. . . .

. . . .

. . . .

. . . .

. . . .

Fil Rouge

Reportez dans la case « Acteurs » du tableau page 7 le nom de la personne sur laquelle vous venez de travailler.

+ Vidéo
« Pionnières ! Épisode 1 : Olympe de Gouges »
www.lienmini.fr/40175-01

Chapitre 1

La rupture révolutionnaire

CAPACITÉ Situer un acteur majeur dans un contexte pour préciser son rôle

Robespierre, un acteur incontournable de la Révolution

PARCOURS BLEU

Maximilien de Robespierre (1754-1794), avocat, est élu en 1789 député pour les États généraux. Dans ses discours, il réclame plus de démocratie, l'abolition de l'esclavage et de la peine de mort, et défend le peuple. À la tête du Comité de salut public en 1793, il est l'un des artisans de la Terreur. Il est guillotiné le 28 juillet 1794.

DOC. 1 Les étapes de la carrière de Robespierre durant la Révolution

1789	1790 – 1791 – 1792	1793 – 1794 – 1795
MONARCHIE ABSOLUE	MONARCHIE CONSTITUTIONNELLE (Assemblée constituante puis législative)	PREMIÈRE RÉPUBLIQUE (Convention jusqu'en octobre 1795)
Député du tiers état pour les États généraux	Député à la Constituante	- Député de la Convention[1] - Chef de file des Montagnards[2] - Membre du Comité de salut public[3]

1. Convention : première Assemblée élue au suffrage universel, elle proclame la République en 1792.
2. Montagnards : groupe de députés à la Convention qui défend les droits du peuple et propose des politiques sociales.
3. Comité de salut public : organe du gouvernement révolutionnaire chargé de prendre des mesures pour faire face aux dangers qui menacent la République en 1793.

DOC. 2 Robespierre vu par ses contemporains

A. Portrait de Robespierre (1790)

B. Robespierre, caricaturé en bourreau (1793)

1 **DOC. 1** Que pouvez-vous dire de Robespierre ?

....

....

....

....

2 **DOC. 2** Notez en quelques mots ce que chaque gravure vous apprend sur Robespierre.

• Gravure A (1790) : ....

....

....

....

• Gravure B (1793) : ....

....

....

....

....

....

....

Le saviez-vous ?

Pour faire face aux nombreux dangers (économiques, sociaux, politiques et militaires) qui menacent la Révolution, un gouvernement révolutionnaire d'exception est mis en place. Cette période de la Révolution, entre 1793 et 1794, est appelée **la Terreur**. Robespierre et des Montagnards suppriment des libertés et font adopter la « loi des Suspects » qui permet d'arrêter et d'envoyer tout opposant à la guillotine. Le nombre de victimes s'élèverait à 40 000.

DOC. 3 Robespierre et le droit de vote

En tant que député, Robespierre a participé à la rédaction de la Déclaration des droits de l'Homme et du citoyen en 1789. En octobre de la même année, l'Assemblée nationale décide par décrets[1] que seuls les citoyens les plus riches pourront élire les députés et que seuls ceux qui possèdent une propriété et qui payent une certaine somme d'impôts pourront être élus. Robespierre s'oppose à cette mesure.

[…] 1° La loi est-elle l'expression de la volonté générale, lorsque le plus grand nombre de ceux pour qui elle est faite ne peut concourir à sa formation ? Non. Cependant interdire à tous ceux qui ne paient pas une contribution égale à trois journées d'ouvriers le droit même de choisir les électeurs destinés à nommer les membres de l'Assemblée législative, qu'est-ce autre chose que rendre la majeure partie des Français absolument étrangère à la formation de la loi ? Cette disposition est donc essentiellement anti-constitutionnelle et anti-sociale.

2° Les hommes sont-ils égaux en droits, lorsque les uns jouissant exclusivement de la faculté de pouvoir être élus membres du corps législatif ou des autres établissements publics, les autres de celle de les nommer seulement, les autres restent privés en même temps de tous ces droits ? Non ; telles sont cependant les monstrueuses différences qu'établissent entre eux les décrets qui rendent un citoyen actif ou passif, moitié actif, ou moitié passif, suivant les divers degrés de fortune qui lui permettent de payer trois journées, dix journées d'imposition directe ou un marc d'argent[2] ? Toutes ces dispositions sont donc essentiellement anti-constitutionnelles, anti-sociales. […]

Robespierre, discours prononcé devant l'Assemblée nationale le 25 janvier 1790.

1. Décret : décision prise par le pouvoir exécutif.
2. Marc d'argent : unité de mesure d'un métal précieux, ici d'argent.

3 DOC. 3 **Que vous apprend ce texte sur les idées démocratiques de Robespierre ?**

....

....

....

Le saviez-vous ?

La formule « Liberté, Égalité, Fraternité », qui deviendra la devise de la République française, apparaît pour la première fois dans un discours de Robespierre en 1790.

VOCABULAIRE

(Assemblée) constituante : Assemblée qui élabore une Constitution, c'est-à-dire l'ensemble des textes définissant les institutions d'un État ainsi que leurs relations.

Monarchie absolue : régime politique dans lequel le roi concentre tous les pouvoirs et dont la personne est sacrée.

Activité finale

Robespierre est guillotiné le 28 juillet 1794 sans avoir été jugé. Imaginez son procès en trouvant deux arguments pour l'accusation et deux autres pour la défense.

Deux arguments de l'accusation	Deux arguments de la défense
....	....
....	....
....	....
....	....
....	....

Fil Rouge

Notez dans le tableau page 7 le nom de l'acteur historique que vous avez étudié. Inscrivez ensuite le nom de la période qui peut être considérée comme une limite aux avancées démocratiques.

Chapitre 1

La rupture révolutionnaire

CAPACITÉ Connaître les principales notions, les acteurs majeurs et les repères

La Première République et le Code civil

La Première République naît en 1792 après la chute de la monarchie et s'achève en 1804 avec la proclamation de l'Empire par Napoléon Bonaparte. Durant cette période, plusieurs expériences politiques se succèdent. Les derniers mois de la République sont marqués par la parution du « Code civil » qui unifie le droit de la nation et transforme la société française.

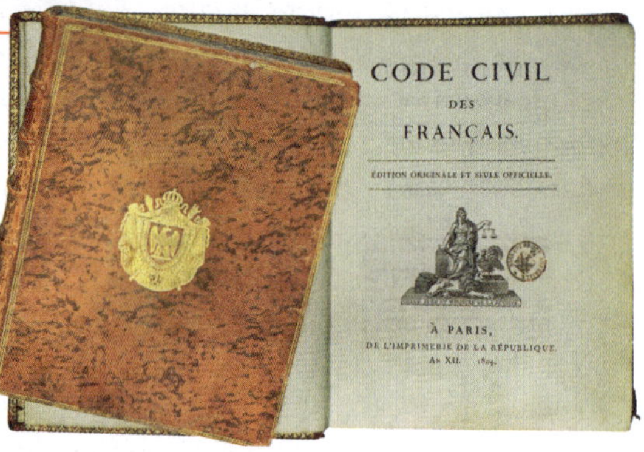

Première édition du Code civil, 1804.

DOC. 1 Quelques lois et projets de lois de la Première République

LA CONVENTION 21 septembre 1792-26 octobre 1795

- **9 août 1793 :** 1er projet de Code civil de Cambacérès
- **9 septembre 1794 :** 2e projet de Code civil de Cambacérès
- **4 février 1794 :** Abolition de l'esclavage
- **26 octobre 1795 :** Entrée en vigueur de la Constitution de la République française du 5 fructidor an III

LE DIRECTOIRE 26 octobre 1795-9 novembre 1799

- **26 août 1796 :** 3e projet de Code civil de Cambacérès
- **5 septembre 1798 :** Loi instituant le service militaire obligatoire pour les hommes de 20 à 25 ans

LE CONSULAT 10 novembre 1799-18 mai 1804

- **14 août 1800 :** Cambacérès, Consul à la tête de la commission chargée de rédiger le projet de « Code civil des Français »
- **20 mai 1802 :** Rétablissement de l'esclavage dans les colonies françaises
- **21 mars 1804 :** Promulgation du Code civil par Napoléon Bonaparte

DOC. 2 Le premier projet de Code civil (1793)

« Quel est donc le principal but auquel nous devons aspirer ? C'est l'unité, c'est l'honneur de donner les premiers ce grand exemple aux peuples, d'épurer et d'abréger leur législation. La vérité est une et indivisible. Portons dans le corps de nos lois le même esprit que dans notre corps politique ; et, comme l'égalité, l'unité, l'indivisibilité ont présidé à la formation de la république, que l'unité et l'égalité président à l'établissement de notre Code civil ; que ce soit en un mot par le petit nombre des textes que nous arrivions à cette unité harmonique qui fait la force du corps social, qui en dirige tous les mouvements dans un accord merveilleux, à peu près comme les lois simples de la création président à la marche et à l'harmonie de l'univers. […]

Ô vous enfants de la patrie ! Vous qu'elle a chargés de porter dans cette enceinte[1] l'expression de sa volonté souveraine, soyez témoins du zèle constant des fidèles représentants du peuple pour le salut de la république. Voyez le code de lois civiles que la Convention prépare pour la grande famille de la nation, comme le fruit de la liberté.

Cambacérès, *Rapport fait à la Convention nationale sur le premier projet de Code civil*, séance du 9 août 1793.

1. L'enceinte désigne ici le lieu où se réunit l'Assemblée nationale.

1 **DOC. 1** **Pourquoi peut-on dire que le Code civil est l'œuvre de la vie de Cambacérès ?**

....

....

....

....

2 **DOC. 1** **En vous aidant de la chronologie, dites pourquoi le Code civil est un texte très important de la Première République.**

....

....

....

3 **DOC. 2** **Cambacérès, député à la Convention nationale, évoque dans son discours des valeurs fondamentales pour les révolutionnaires. Surlignez-les dans le texte.**

4 **DOC. 2 Quels sont, selon lui, les buts principaux du Code civil ? Justifiez votre réponse.**

....

....

....

VOCABULAIRE

Civil(e) : qui concerne les citoyens.

Code : ensemble de lois concernant les matières d'un secteur. Exemples : Code civil, Code du travail, Code de la route.

Le saviez-vous ?

La moitié des articles du Code civil de 1804 sont encore appliqués aujourd'hui.

DOC. 3 Extraits du Code civil de 1804

Le Code civil de 1804 comprend 2 281 articles qui traitent du statut des personnes, du statut des biens et de celui des relations entre personnes.

Article 1. Les lois sont exécutoires dans tout le territoire français. [...]

Article 8. Tout Français jouira des droits civils. [...]

Article 9. Tout individu né en France d'un étranger pourra, dans l'année qui suivra l'époque de sa majorité, réclamer la qualité de Français. [...]

Article 55. Les déclarations de naissance seront faites, dans les trois jours de l'accouchement, à l'officier de l'état civil du lieu : l'enfant lui sera présenté. [...]

Article 213. Le mari doit protection à sa femme, la femme obéissance à son mari. [...]

Article 227. Le mariage se dissout : 1° Par la mort de l'un des époux ; 2° Par le divorce légalement prononcé ; 3° Par la condamnation devenue définitive de l'un des époux à une peine emportant mort civile.

Article 1124. Les incapables de contracter[1] sont : les mineurs, les interdits[2], les femmes mariées. [...]

1. Contracter : signer un contrat.
2. Interdits : ici, personnes qui ont reçu une interdiction après un jugement.

Activité finale

À l'aide de la chronologie (document 1) et des extraits du Code civil (document 3), complétez le tableau ci-dessous afin de montrer les changements que la société française a connus durant la Première République.

Sous l'Ancien Régime	À la fin de la Première République
Inégalité des Français divisés en trois ordres	....
Divorce interdit	....
Naturalisation française selon des principes variables	....
Enregistrement des naissances dans les registres paroissiaux (églises)	Enregistrement des naissances à l'........................
Esclavage	....
Lois différentes selon les régions et le rang social	....
Armée de mercenaires et d'officiers nobles	....
Inégalité hommes/femmes	....

Fil Rouge

Notez dans le tableau page 7 : « Cambacérès » et « le Code civil ». À vous de trouver leur place !

Chapitre 1 La rupture révolutionnaire

Outil
Pour construire votre frise chronologique, allez sur le site de Frisechronos.

JE M'AUTO-ÉVALUE

1 **Reportez sur la frise ci-dessous les grands événements de 1789 étudiés dans le chapitre 1 :**
Déclaration des droits de l'homme et du citoyen • Ouverture des États généraux • Prise de la Bastille.

5 mai : ....
....

14 juillet : ....
....

5-6 octobre : les Parisiennes obligent le roi à quitter Versailles et à s'installer à Paris, signe d'un nouvel affaiblissement du pouvoir royal.

MAI | JUIN | JUILLET | AOÛT | SEPTEMBRE | OCTOBRE

20 juin : Serment du Jeu de paume. Les députés jurent de ne pas se séparer avant d'avoir rédigé une Constitution.

Nuit du 4 août : abolition des privilèges par l'Assemblée nationale. C'est la fin de la société d'ordres.

26 août : ....
....

Août : révolte des paysans dans les campagnes (Grande Peur) dont un des résultats est la fin du système féodal.

2 **Complétez chacune de ces cartes avec l'événement et sa date :**
Déclaration des droits de l'homme et du citoyen • Décret de la Convention abolissant la royauté • Code civil • Fin de la Terreur.

....
....
Année de l'événement :
....

....
....
Année de l'événement :
....

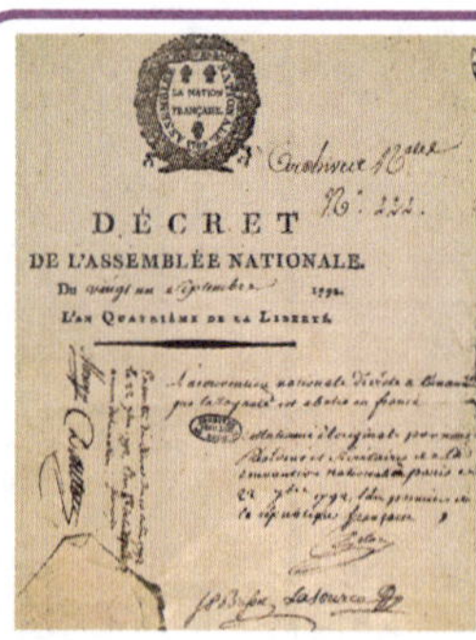

....
....
Année de l'événement :
1794

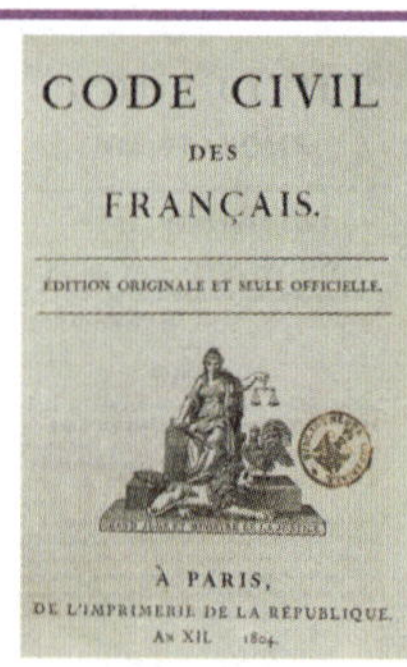

....
....
Année de l'événement :
....

3 **À votre tour, créez une carte-événement. Vous devez respecter le cadre chronologique du chapitre et choisir un événement en lien avec les avancées ou les reculs démocratiques.**
Dans un deuxième temps, vous pouvez enrichir le jeu en élaborant d'autres cartes.

Pour entrer dans la démarche, je formule une hypothèse

Selon vous, quel est le sujet du document ?

....

....

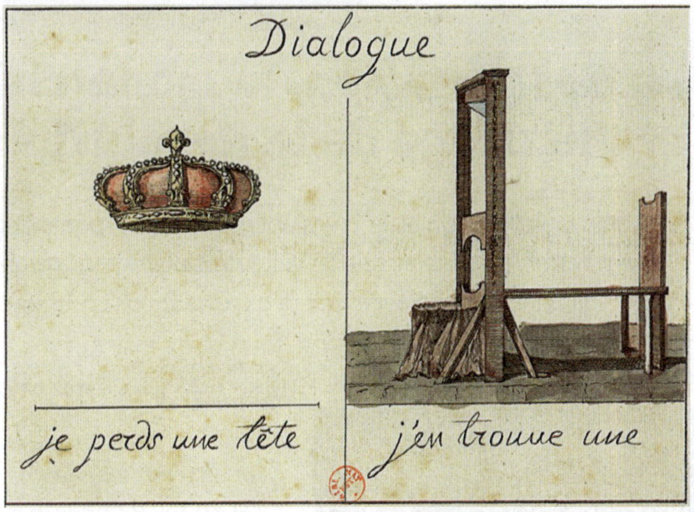

Anonyme, estampe « Je perds une tête, j'en trouve une », 1793, Bibliothèque nationale de France.

J'analyse le document en 4 étapes

ÉTAPE 1 Je relève des informations

1. Recopiez les éléments de présentation du document : nature, auteur, date de production, source.

....

....

2. Décrivez l'estampe.

....

....

ÉTAPE 2 J'analyse le document en faisant des liens avec ce que je sais

+ Chronologie
Louis XVI et la Révolution française en quelques dates
www.lienmini.fr/40175-02

3. À quel événement historique cette estampe fait-elle référence ?
Vous pouvez vous aider des éléments présentés dans le document numérique.

....

....

4. Qui est représenté par la couronne ? Et par la guillotine ?

Couronne : .... Guillotine : ....

ÉTAPE 3 Je comprends le document

5. Quel point de vue défend le document : celui de la couronne ou celui de la guillotine ? Pourquoi ?

....

....

ÉTAPE 4 Ce que je sais maintenant

6. Qu'est-ce que ce document vous permet de comprendre sur la situation de la monarchie en France après la Révolution française ?

....

....

....

Activité complémentaire

À partir de l'étude de ce document, vous pouvez effectuer un enregistrement audio de votre travail (avec votre téléphone, par exemple) en suivant les 4 étapes de l'analyse.

Chapitre 2

Révolutions, République et républicains au XIXe siècle

CAPACITÉ Identifier et nommer les périodes historiques, les continuités et ruptures chronologiques

La Restauration, la monarchie de Juillet et l'héritage de la Révolution

Après la Révolution et le Premier Empire, deux monarchies constitutionnelles se succèdent entre 1814 et 1848. Cependant, certains acquis de la Révolution ne sont pas remis en cause. Peu à peu, l'opposition à ces monarchies grandit; elles sont balayées par deux révolutions en 1830 et 1848.

Portrait du roi Louis XVIII, vers 1822.

DOC. 1 La Charte de 1814

À son arrivée au pouvoir, Louis XVIII accepte une charte constitutionnelle, un ensemble de textes qui définit les rapports entre le roi et les citoyens. Elle est en partie de nouveau appliquée sous la monarchie de Juillet.

Article 1. Les Français sont égaux devant la loi [...].

Article 2. Ils contribuent[1] indistinctement, dans la proportion de leur fortune, aux charges de l'État.

Article 4. Leur liberté individuelle est également garantie [...].

Article 5. Chacun professe sa religion avec une égale liberté [...].

Article 8. Les Français ont le droit de publier et de faire imprimer leurs opinions [...].

Article 13. La personne du roi est inviolable et sacrée. [...] Au roi seul appartient la puissance exécutive.

Article 15. La puissance législative s'exerce collectivement par le roi, la Chambre des pairs et la Chambre des députés des départements.

Article 27. La nomination des pairs de France appartient au roi. [...]

Article 40. Les électeurs qui concourent à la nomination des députés ne peuvent avoir droit de suffrage s'ils ne paient une contribution directe de trois cents francs, et s'ils ont moins de trente ans[2].

Article 57. Toute justice émane du roi. Elle s'administre en son nom par des juges qu'il nomme [...].

Extraits de la Charte constitutionnelle du 4 juin 1814.

1. Ils contribuent : ils paient des impôts.
2. Selon l'article 40, seuls 110 000 Français (0,4% de la population de l'époque) paient assez d'impôts pour être électeurs. C'est le suffrage censitaire.

1 **DOC. 1 La Charte de 1814 donne-t-elle des pouvoirs forts ou limités au roi ?**

....

2 **DOC. 1 Soulignez dans le texte les passages qui le prouvent.**

3 **DOC. 1 Entourez les numéros des articles qui reconnaissent aux Français des droits hérités de 1789.**

4 **DOC. 1 Pourquoi l'article 40 est-il à la fois démocratique et non démocratique ?**

– L'article 40 est démocratique car ....

– L'article 40 est non démocratique car ....

1814	Révolution de 1830	Révolution de 1848
RESTAURATION		MONARCHIE DE JUILLET
Louis XVIII	Charles X	Louis-Philippe

DOC. 2 Une barricade lors de la révolution de 1830

Lors de la révolution de 1830, le peuple de Paris se bat dans la capitale les 27, 28 et 29 juillet 1830 (on appelle ces journées les « Trois Glorieuses »).

5 DOC. 2 Décrivez la scène représentée.

....

....

....

Image d'Épinal, 1830. En légende : « La France m'a confié ses glorieuses couleurs ; je saurai les défendre ! »

DOC. 3 Louis-Philippe, roi des Français

En 1830, Louis-Philippe devient le roi des Français et remplace le drapeau blanc de la royauté par le drapeau tricolore hérité de la Révolution française.

6 DOC. 3 Complétez la légende de la gravure afin de montrer que son auteur veut présenter Louis-Philippe comme proche du peuple.

Le coq, symbole de la France.

....

....

....

....

Les symboles de la monarchie de droit divin (fleurs de lys, couronne…) sont gravés sur des pavés qui évoquent une tombe.

Activité finale

Indiquez dans le tableau ci-dessous si les éléments sont en rupture avec la Révolution française ou s'ils en sont un héritage.

Caractéristiques des monarchies constitutionnelles	Rupture ou héritage de la Révolution ?
Le pouvoir exécutif détenu par le roi	....
Élection de députés	....
Le drapeau blanc	....
Libertés individuelles, de culte, de la presse	....
Charte constitutionnelle	....
Égalité des Français devant la loi	....
Le drapeau tricolore	....

Fil Rouge **Qui dresse des barricades pendant la révolution de 1830 ? Notez votre réponse dans le tableau page 7.**

Chapitre 2

Révolutions, République et républicains au XIXe siècle

CAPACITÉ Définir la République et identifier ses symboles

La IIe République, une république démocratique et sociale

Après la révolution qui renverse Louis-Philippe, la IIe République s'installe en 1848. Elle dure trois ans. Pendant cette période, des droits nouveaux et des libertés sont obtenus par les citoyens.

DOC. 1 Un bureau de vote pour l'élection du président de la République

Illustration parue dans la revue *L'Illustration* du 16 décembre 1848.

Le saviez-vous ?

Le dispositif actuel (isoloir, dépôt du bulletin sous enveloppe dans l'urne par l'électeur lui-même) date de la loi de juillet 1913.

1 **DOC. 1 Reportez les lettres sur la gravure afin d'identifier ces éléments :**

- (a) Les électeurs qui attendent pour voter.
- (b) Urne.
- (c) Les membres du bureau de vote, en charge du déroulement du scrutin.
- (d) Les femmes qui assistent au vote mais n'y participent pas.
- (e) Tronc pour les pauvres (pour recueillir de l'argent destiné aux pauvres).

2 **DOC. 1 Quels mots vous viennent à l'esprit pour évoquer le vote en 1848 ?**

....

....

....

3 **DOC. 1 Que manque-t-il à ce bureau de vote par rapport à aujourd'hui ?**

....

....

DOC. 2 Le droit de vote en France en 1848

Le gouvernement provisoire de la République, voulant remettre le plus tôt possible aux mains d'un gouvernement définitif les pouvoirs qu'il exerce dans l'intérêt et par le commandement du peuple, décrète :

[...] **Article 5.** Le suffrage sera direct et universel.

Article 6. Sont électeurs tous les Français âgés de 21 ans résidant dans la commune depuis six mois et non judiciairement privés ou suspendus de l'exercice des droits civiques.

Décret du 5 mars 1848 relatif au suffrage universel.

4 **DOC. 2 À partir du texte, complétez les encadrés ci-dessous par les affirmations suivantes : « je peux voter » ou « je ne peux pas voter ».**

Je suis une femme de 26 ans qui vit dans le même village depuis ma naissance. En 1848, ...	Je suis un homme de 26 ans qui vit dans le même village depuis cinq ans. En 1848, ...	Je suis un homme de 26 ans qui vient d'arriver dans le village il y a trois mois. En 1848, ...

DOC. 3 L'abolition de l'esclavage
Marcel Gromaire, *L'Abolition de l'esclavage*, 4,83 x 7,70 m, huile sur toile commandée par l'État, 1950.

+ Vidéo
***L'Abolition de l'esclavage*, de Marcel Gromaire**
www.lienmini.fr/40175-03

Victor Schoelcher (1804-1893) a présidé la commission d'abolition de l'esclavage dans les colonies françaises.

5 DOC. 3 **Encadrez, sur ce tableau, les trois éléments qui illustrent les passages soulignés de la phrase suivante.**
« Le 27 avril 1848, après le travail de la commission d'abolition de l'esclavage présidée par Victor Schoelcher, sous-secrétaire d'État à la Marine et aux Colonies, les décrets qui émancipent les esclaves sont signés ».

6 DOC. 3 **Quels éléments de ce tableau font référence à la République ?**

....

7 DOC. 3 **Quel est le message de l'auteur de cette œuvre ?**

....

....

Activité finale

PARCOURS VERT **Donnez deux avancées qui font de la IIe République une république démocratique et sociale.**

....

....

....

....

....

....

PARCOURS BLEU **Rédigez un court dialogue entre deux républicains en 1848 : le premier interlocuteur (A) présente deux avancées qui font de la IIe République une république démocratique et sociale ; le deuxième intervenant (B) répond en montrant ses limites et en espérant encore plus de la République.**

....

....

....

....

....

Fil Rouge **Notez dans le tableau page 7 les deux avancées démocratiques de la IIe République, puis inscrivez une limite.**

Chapitre 2 Révolutions, République et républicains au XIXe siècle

CAPACITÉ Situer un acteur majeur dans un contexte pour préciser son rôle

Victor Hugo, un poète républicain

Le 22 mai 1885 meurt Victor Hugo, écrivain français et sénateur. Le 1er juin 1885, la France lui organise des funérailles nationales. Dans un pays où la IIIe République, proclamée en 1870, est encore fragile, ces funérailles sont l'occasion de célébrer le triomphe de la République et de ses valeurs.

Repères
- **1848-1851 :** IIe République
- **1851 :** Coup d'État du 2 décembre de Louis-Napoléon Bonaparte
- **1852-1870 :** Second Empire (Napoléon III)
- **4 septembre 1870 :** Proclamation de la IIIe République

DOC. 1 La littérature comme arme politique

Victor Hugo, vu par Faustin, 1870.

DOC. 2 Victor Hugo et la question de l'enseignement

Messieurs, quand une discussion est ouverte, qui touche à ce qu'il y a de plus sérieux dans les destinées du pays, il faut aller tout de suite, et sans hésiter, au fond de la question. […] À mon sens, le but lointain sans doute, et difficile à atteindre, j'en conviens, mais auquel il faut tendre dans cette grande question de l'enseignement, le voici : l'instruction gratuite et obligatoire. Obligatoire seulement au premier degré, gratuite à tous les degrés. L'enseignement primaire obligatoire, c'est le droit de l'enfant qui, ne vous y trompez pas, est plus sacré encore que le droit du père, et qui se confond avec le droit de l'État. […]
Partout où il y a un esprit, partout où il y a un champ, qu'il y ait un livre ! Pas une commune sans une école ! pas une ville sans un collège ! pas un chef-lieu sans une faculté ! Un vaste ensemble, ou, pour mieux dire, un vaste réseau d'ateliers intellectuels, gymnases, lycées, collèges, chaires, bibliothèques… […]
Je veux, je le déclare, la liberté de l'enseignement ; mais je veux la surveillance de l'État ; et comme je veux cette surveillance effective, je veux l'État laïque, purement laïque, exclusivement laïque. […]

Victor Hugo, discours prononcé à l'Assemblée nationale le 15 janvier 1850.

DOC. 3 Victor Hugo et la liberté de la presse

[…] Messieurs, toute atteinte à la liberté de la presse, toute atteinte au suffrage universel est un attentat contre la souveraineté nationale. La liberté mutilée, c'est la souveraineté paralysée. La souveraineté du peuple n'est pas, si elle ne peut agir et si elle ne peut parler. Or, entraver le suffrage universel, c'est lui ôter l'action ; entraver la liberté de la presse, c'est lui ôter la parole. […]

Victor Hugo, discours prononcé à l'Assemblée nationale le 9 juillet 1850.

1 **DOC. 1, 2 et 3 D'après ces documents, quels sont les principes républicains défendus par Victor Hugo ? Associez chacun des principes ci-dessous à l'un des 3 documents.**

L'opposition à un pouvoir personnel > document 1
La liberté de la presse > ....
Le droit à l'éducation > ....
La liberté d'expression > ....
Le suffrage universel > ....
La laïcité > ....

2 **DOC. 1, 2 et 3 Comment Victor Hugo s'y prend-il pour défendre ses idées républicaines ?**

....
....
....

VOCABULAIRE
Souveraineté nationale : principe politique selon lequel le pouvoir appartient à la nation, c'est-à-dire aux citoyens et à leurs représentants.

DOC. 4 Les funérailles nationales de Victor Hugo, le 1er juin 1885

Georges François Guiaud, *Funérailles de Victor Hugo*, aquarelle, vers 1885.

3 DOC. 4 Relevez trois éléments du tableau qui montrent que les funérailles de Victor Hugo sont un symbole politique pour la IIIe République.

4 DOC. 4 À quoi voyez-vous que ces funérailles sont un moment d'hommage populaire ?

Activité finale

Le service culturel de votre ville souhaite publier un livre sur Victor Hugo. Pour cela, il sollicite les lycées de la commune. Il vous est demandé de rédiger un article d'une dizaine de lignes expliquant pourquoi, lors de ses funérailles, la République et les Français ont rendu un hommage national à Victor Hugo. Commencez ici votre travail en complétant le plan :

- **Titre** Reprenez celui du dossier :
- **1er paragraphe** Faites la liste des causes défendues par Victor Hugo, en tant qu'homme politique et écrivain.
- **2e paragraphe** Présentez l'importance de Victor Hugo dans la littérature, en citant plusieurs de ses œuvres.
- **3e paragraphe** Expliquez pourquoi les funérailles de Victor Hugo sont un événement républicain important.

Fil Rouge **Quel grand écrivain a marqué la République ? Notez son nom dans le tableau page 7.**

Chapitre 2

Révolutions, République et républicains au XIXe siècle

CAPACITÉ Raconter le combat d'un républicain pour les idéaux républicains

Léon Gambetta, une vie pour la République

Léon Gambetta (1838-1882) lutte toute sa vie pour que la République s'installe durablement en France : comme député à plusieurs reprises, durant la guerre franco-allemande de 1870, ou lors de ses très nombreux discours en province. Surnommé le « commis-voyageur de la République », il est considéré comme un des fondateurs de la IIIe République, République qu'il a lui-même proclamée le 4 septembre 1870.

DOC. 1 Léon Gambetta, candidat en 1869

Gambetta se présente aux élections législatives de 1869 dans le quartier populaire de Belleville, à Paris. Un comité électoral se constitue et publie le Programme de Belleville, que Gambetta reprend dans son discours. Il y revendique des mesures chères aux républicains.

Citoyens,

Au nom du suffrage universel, base de toute organisation politique et sociale, donnons mandat à notre député d'affirmer les principes de la démocratie radicale et de revendiquer énergiquement :

– l'application la plus radicale du suffrage universel tant pour l'élection des maires et des conseillers municipaux, sans distinction de localité, que pour l'élection des députés […] ;

– la liberté individuelle désormais placée sous l'égide des lois et non soumise au bon plaisir et à l'arbitraire administratifs […] ;

– la liberté de la presse dans toute sa plénitude […] ;

– la liberté de réunion sans entraves et sans pièges avec la faculté de discuter toute matière religieuse, philosophique, politique ou sociale […] ;

– la liberté d'association pleine et entière […] ;

– la suppression du budget des cultes[1] et la séparation de l'Église et de l'État ;

– l'instruction primaire laïque, gratuite et obligatoire […].

Le comité électoral de Belleville

Extraits du programme de Belleville, 27 avril 1869.

1. Budget des cultes : depuis le Concordat de 1801, c'est l'État qui salarie les personnels religieux.

Le saviez-vous ?

Les premières représentations d'une femme à bonnet phrygien, symbole de la Liberté et de la République, apparaissent sous la Révolution.
Marie et Anne étant les prénoms les plus populaires à l'époque, l'emblème est désigné sous le nom de Marianne.

1 DOC. 1 **Que présente Gambetta dans ce discours ? À quelle occasion prononce-t-il ce discours ?**

....

....

2 DOC. 1 **Récapitulez les principales mesures exigées par ce candidat républicain :**

– le suffrage universel pour l'élection ....

– des libertés : ....

– ....

– ....

3 DOC. 1 **Pourquoi peut-on dire que la plupart des principes démocratiques cités ici datent de 80 ans ?**

....

....

....

DOC. 2 Gambetta, président de la Chambre des députés

Lorsque Gambetta meurt en 1882, les républicains sont au pouvoir. L'estampe ci-contre le présente dans l'enceinte de la Chambre des députés dont il a été le président de 1879 à 1881.

4 DOC. 2 **Relevez les éléments montrant que cette image présente Gambetta comme un acteur important de la IIIe République.**

– Au premier plan : ....

....

....

....

....

....

– À l'arrière-plan : ....

....

....

....

– Le texte sous l'image : ....

....

....

....

....

Léon Gambetta, estampe, image d'Épinal, 1883.

Activité finale

Racontez en quelques lignes le combat que Gambetta a mené toute sa vie pour que la République triomphe (idées défendues, actions menées…).

....

....

....

....

....

....

....

Fil Rouge **Reportez dans la case « Acteurs » du tableau page 7 le nom de l'homme sur lequel vous venez de travailler.**

Révolutions, République et républicains au XIXe siècle

JE M'AUTO-ÉVALUE

1 Reliez chaque pièce de monnaie au régime politique correspondant.

Monarchie constitutionnelle • IIIe République • IIe République • Second Empire

2 À vous de jouer ! Participez au « jeu des acteurs » de la République.

a. Rédigez pour les deux acteurs ci-dessous une phrase expliquant comment chacun d'eux a œuvré pour l'affirmation des idéaux républicains.

b. Créez à votre tour une nouvelle carte « acteur » (la photographie est facultative). Pour cela, choisissez, dans le chapitre ou dans vos connaissances sur la période, un acteur ou une actrice. Rédigez ensuite une phrase qui montre comment il ou elle a participé à l'avancée ou au recul de la mise en œuvre des idéaux républicains.

1

Victor Hugo
(1802-1885)

2

Léon Gambetta
(1838-1882)

3

Activité complémentaire

Poursuivez le jeu à l'oral

Lisez à voix haute la phrase que vous avez rédigée. Aux autres participants de déduire l'identité de l'acteur que vous avez choisi.

Pour entrer dans la démarche, je formule une hypothèse

Selon vous, quel est le sujet du document ?

....

....

....

Le Triomphe de la République, statue en bronze d'Aimé Jules Dalou, 1879-1899, place de la Nation, à Paris.

J'analyse le document en 4 étapes

ÉTAPE 1 Je relève des informations

1. Reportez sur la photographie les lettres correspondant aux éléments de description suivants.

ⓐ Marianne coiffée du bonnet phrygien, tenant un faisceau et marchant de façon assurée.
ⓑ Les lions qui tirent le char.
ⓒ Un ouvrier : un forgeron avec un marteau.
ⓓ Un homme tenant une flamme.
ⓔ Une femme vêtue d'hermine tenant la main de justice.
ⓕ Un enfant portant une balance.
ⓖ Un globe terrestre.

ÉTAPE 2 J'analyse le document en faisant des liens avec ce que je sais

2. Sous quel régime politique cette œuvre monumentale a-t-elle été produite ? ....

....

3. Dans quel but cette œuvre est-elle réalisée ? ....

....

ÉTAPE 3 Je comprends le document

4. Associez les interprétations ci-dessous aux lettres des éléments de la sculpture précédemment identifiés.

La République est un régime qui a un caractère universel ; elle peut triompher dans le monde.	......
C'est le symbole de l'équilibre, de l'équité et plus largement de l'égalité.	......
Ils représentent le peuple tirant le char. Ils sont à la base de la sculpture comme des fondations, ils la font également avancer. Le peuple est ici mis en avant dans le triomphe de la République.	......
C'est le symbole de la justice.	......
C'est l'allégorie du travail.	......
Il représente le génie de la Liberté et rappelle les philosophes des Lumières éclairés par la Raison.	......

ÉTAPE 4 Ce que je sais maintenant

5. Quel message la ville de Paris veut-elle faire passer en installant ce monument sur une grande place publique ?

....

....

6. Vous visitez Paris avec des ami(e)s et vous arrivez devant cette sculpture.
Comme un(e) guide, présentez à l'oral ce que vous avez compris de cette œuvre.

Chapitre 3

Bâtir la République

CAPACITÉ Connaître les principales notions et les repères

Les lois fondatrices de la IIIe et de la IVe République

Si la IIIe République est proclamée en 1870, ce n'est qu'à partir de 1879 qu'elle s'affirme et que ses dirigeants se consacrent à la transformation du pays en s'inspirant des idéaux de 1789. Au XXe siècle, après la rupture antirépublicaine du régime de Vichy (1940-1944), la IVe République engage des réformes, notamment pour les libertés individuelles et collectives.

PARCOURS VERT

DOC. 1 Quelques lois importantes des IIIe et IVe République

Ⓐ **La loi sur la liberté de la presse (juillet 1881)**

Article premier - L'imprimerie et la librairie sont libres. [...]

Article 5 - Tout journal ou écrit périodique peut être publié sans déclaration ni autorisation préalable, ni dépôt de cautionnement.

Ⓑ ....

....

Loi du 16 juin 1881

Article premier - Il ne sera plus perçu de rétribution scolaire dans les écoles primaires publiques. [...]

Loi du 28 mars 1882

Article 2 - Les écoles primaires publiques vaqueront un jour par semaine, en outre du dimanche, afin de permettre aux parents de faire donner, s'ils le désirent, à leurs enfants, l'instruction religieuse, en dehors des édifices scolaires. [...]

Article 4 - L'instruction primaire est obligatoire pour les enfants des deux sexes âgés de six ans révolus à treize ans révolus [...].

Ⓒ ....

....

Article premier - La République assure la liberté de conscience. Elle garantit le libre exercice des cultes sous les seules restrictions édictées ci-après dans l'intérêt de l'ordre public.

Article 2 - La République ne reconnaît, ne salarie ni ne subventionne aucun culte. [...]

Ⓓ ....

....

Article premier - Le peuple français décide souverainement de ses futures institutions. À cet effet, une Assemblée nationale constituante est convoquée [...]. Elle est élue au scrutin secret à un seul degré par tous les Français et Françaises majeurs sous la réserve des incapacités prévues par les lois en vigueur.

Article 17 - Les femmes sont électrices et éligibles dans les mêmes conditions que les hommes.

1 **DOC. 1 Lisez chaque extrait, puis complétez les titres avec les éléments suivants.**

La loi de séparation des Églises et de l'État (1905) • L'ordonnance accordant le droit de vote aux Françaises (1944) • Les lois de Jules Ferry sur l'école gratuite, laïque et obligatoire (1881-1882)

2 **DOC. 1 Soulignez dans chaque extrait les passages qui vous ont permis de répondre.**

Activité finale

Comment ces lois parviennent-elles à unifier la nation autour des valeurs de la Révolution française et à enraciner la République ? Répondez à la question en complétant le tableau.

Les valeurs de la Révolution	...transformées en actes par des lois...	destinées à :	
Liberté	- .... -	-	.... dans le but d'unifier la nation et d'enraciner la République
Égalité	- .... -	- .... -	

PARCOURS BLEU

DOC. 2 Le combat pour les valeurs républicaines

Une du journal satirique républicain et anticlérical, *Le Grelot*, 18 mai 1879.

DOC. 3 Des lois pour la République

1881-1882 : Loi sur la liberté de la presse et loi sur la liberté de réunion.

1881-1882 : Lois Ferry sur l'école qui devient gratuite, laïque et obligatoire.

1905 : Loi de séparation des Églises et de l'État.

1944 : Droit de vote des femmes.

3 **DOC. 2** **Reportez sur le document les lettres correspondant à la description ci-dessous.**

4 **DOC. 2** **Associez les éléments de la première colonne à l'explication qui lui correspond puis à sa compréhension afin de reconstituer le propos de cette une.**

	Description	Explication	Compréhension
Ⓐ	Jules Ferry, ministre de l'Instruction publique, jette un pavé sur le représentant de l'Église.	Les républicains, au pouvoir depuis 1870, travaillent à la diffusion des idées de liberté issues de la Révolution française.	Le programme de réforme des républicains vise la conquête de libertés et la séparation des Églises et de l'État.
Ⓑ	Le pavé « article 7 » brise une partie de la vitrine.	Le prêtre n'a pas été touché par le pavé ni par l'attaque de Jules Ferry.	Le peuple français soutient dans son quotidien les valeurs républicaines mais subit aussi l'opposition entre l'Église et l'État.
Ⓒ	Sur la vitrine sont inscrites les valeurs défendues par les républicains.	Jules Ferry a raté sa cible mais abîme la boutique du citoyen.	D'après le caricaturiste Pépin, Jules Ferry en se montrant trop violent contre l'Église nuit à l'enracinement des valeurs républicaines.
Ⓓ	Un artisan, avec un bonnet phrygien, s'écrie : « Vous tapez dans ma boutique ! ».	L'« article 7 » du projet des lois Ferry a pour but d'empêcher les congrégations religieuses de participer à l'enseignement.	L'Église sort victorieuse car le rejet du vote par le Sénat entraîne le recul de la laïcisation de l'enseignement supérieur.
Ⓔ	Un membre du clergé, dos courbé, s'en va. Il esquisse un petit sourire.	Le savetier expose les valeurs républicaines de liberté sur sa vitrine, il est d'accord avec elles. Mais il interpelle Jules Ferry dont le lancer a cassé sa vitrine.	Cet article a été rejeté lors du vote du Sénat. C'est un recul dans le projet républicain de laïcisation de la société.

Activité finale

Comment la République s'affirme-t-elle en France à partir de la fin du XIXe siècle ?
Répondez à l'oral en utilisant quatre mots clés dans la liste ci-dessous :
liberté • lois • laïcité • égalité • école • parlement (Sénat, chambre des députés) • Église • État.

+ Podcast
La lettre de Jules Ferry aux instituteurs du 27 novembre 1883
www.lienmini.fr/40175-04

Fil Rouge

Dans le tableau page 7 notez dans la case « Avancées démocratiques » les noms et les dates de deux lois votées entre 1880 et 1945.

Bâtir la République

CAPACITÉ Situer un acteur majeur dans un contexte pour préciser son rôle

Léon Blum, une figure de la gauche républicaine

Léon Blum (1872-1950) est un acteur majeur du socialisme pendant l'entre-deux-guerres : dirigeant de la SFIO (parti socialiste), directeur du journal *Le Populaire*, il devient chef du gouvernement du Front populaire en 1936. Arrêté en 1940, il est emprisonné et jugé par le régime de Vichy puis livré aux nazis et déporté en Allemagne. Revenu des camps, Léon Blum dirige en 1944 le gouvernement provisoire qui précède l'instauration de la IVe République.

Photographie de Léon Blum, 1906.

DOC. 1 Le gouvernement de Front populaire

En mai 1936, le Front populaire (union des partis de gauche) remporte les élections législatives. Le 4 juin, Léon Blum présente son gouvernement au président de la République.

Une de *L'Illustré du Petit Journal* du 14 juin 1936.

DOC. 2 Les premiers congés payés

À partir de juin 1936, les salariés français bénéficient pour la première fois de deux semaines de congés payés annuels.

Couverture du magazine *Regards* du 29 juillet 1937.

1 DOC. 1 **Quelle est l'avancée démocratique mise en avant dans cette une de journal ?**

....

....

Le saviez-vous ?

La durée des congés payés accordés pour la première fois en 1936 par le Front populaire va augmenter peu à peu : 3 semaines en 1956, 4 semaines en 1968 et 5 semaines depuis 1982.

DOC. 3 **La semaine de 40 heures**

Une du journal *Le Populaire* du 13 juin 1936.

LE POPULAIRE DE PARIS

ORGANE CENTRAL DU PARTI SOCIALISTE (S. F. I. O.)

Directeur Politique : LÉON BLUM

Administrateur-Délégué : JEAN LEBAS

LE NUMÉRO : 30 centimes

SAMEDI 13 JUIN 1936

La semaine de 40 heures est votée par la Chambre

C'est par 385 voix contre 175 que la Chambre a adopté le cinquième projet présenté par le gouvernement mardi dernier

EN RÉPONSE A UN DISCOURS DE M. PAUL REYNAUD, LÉON BLUM A DÉFINI SA POLITIQUE DE RENAISSANCE ÉCONOMIQUE PAR LE RELÈVEMENT DU POUVOIR D'ACHAT

Le conflit de la métallurgie parisienne est terminé

Ayant obtenu satisfaction, les " métallos " évacueront aujourd'hui les usines et reprendront le travail lundi

Le contrat collectif de la métallurgie parisienne a en effet été signé hier soir par la Chambre syndicale patronale et les organisations ouvrières

2 **DOC. 2 et 3 Selon vous, quelles sont les améliorations apportées par la semaine de 40 heures et les congés payés dans la vie quotidienne des salariés ?**

....

....

DOC. 4 **La fin de la IIIe République**

Après l'invasion de la France par l'armée allemande, Philippe Pétain devenu président du Conseil, signe l'armistice le 22 juin 1940. Le 10 juillet, députés et sénateurs réunis à Vichy, votent une loi constitutionnelle qui met fin à la IIIe République. Léon Blum est un des 80 parlementaires qui votent contre cette loi.

Une du journal *L'Œuvre* du 11 juillet 1940.

L'ŒUVRE

Et d'abord, que la France puisse manger et se chauffer l'hiver prochain

FONDATEUR : GUSTAVE TERY

PREMIÈRE ÉDITION – 0 fr. 50

Jeudi 11 juillet 1940

NOUVEAU RÉGIME

Par 569 voix contre 80

l'ASSEMBLÉE NATIONALE

donne tous pouvoirs au

MARECHAL PETAIN

ARTICLE UNIQUE : L'Assemblée nationale donne tous pouvoirs au gouvernement de la République, sous la signature et l'autorité du maréchal Pétain, à l'effet de promulguer, par un ou plusieurs actes, la nouvelle Constitution de l'Etat français.

3 **DOC. 4 Relevez une ou deux expressions annonçant la fin de la IIIe République.**

....

4 **DOC. 4 Relevez dans cette une deux raisons qui ont poussé Léon Blum, comme 79 autres parlementaires, à voter contre cette loi constitutionnelle.**

....

....

Activité finale

Selon l'acte constitutionnel du 27 janvier 1941, Pétain peut condamner tout dirigeant politique qui aurait trahi « les devoirs de sa charge ». Le 16 octobre 1941, il prononce des peines contre plusieurs hommes politiques de la IIIe République qu'il rend responsables de la défaite et de l'affaiblissement de la France. Léon Blum est condamné à la prison.
Quels arguments pouvez-vous avancer pour montrer que Léon Blum n'a cessé de défendre la démocratie ?

....

....

....

....

....

Fil Rouge

Quelle figure de la République a marqué l'entre-deux-guerres ?
Notez son nom page 7.

CAPACITÉ Connaître les principales notions et les repères

La Résistance et la IVe République : le nouveau pacte social

En 1942, alors que le régime de Vichy poursuit sa politique de collaboration avec l'occupant nazi, le général de Gaulle confie à Jean Moulin la mission d'unifier en France les différents mouvements de résistance. Le Conseil national de la Résistance (CNR) est officiellement fondé le 27 mai 1943. Le 15 mars 1944, le programme du CNR est adopté. Une partie de ce programme propose des « mesures à appliquer dès la libération du territoire » dans un objectif de retour aux valeurs républicaines.

DOC. 1 Le programme d'action du Conseil national de la Résistance

Née de la volonté ardente des Français de refuser la défaite, la Résistance n'a pas d'autre raison d'être que la lutte quotidienne sans cesse intensifiée.

Cette mission de combat ne doit pas prendre fin à la Libération. Ce n'est, en effet, qu'en regroupant toutes ses forces autour des aspirations quasi unanimes de la Nation, que la France retrouvera son équilibre moral et social et redonnera au monde l'image de sa grandeur et la preuve de son unité.

Aussi les représentants des organisations de la Résistance, des centrales syndicales et des partis ou tendances politiques groupés au sein du CNR, délibérant en assemblée plénière le 15 mars 1944, ont-ils décidé de s'unir sur le programme suivant, qui comporte à la fois un plan d'action immédiate contre l'oppresseur et les mesures destinées à instaurer, dès la Libération du territoire, un ordre social plus juste.

Introduction du *Programme du Conseil national de la Résistance (CNR)*, 15 mars 1944.

Charles de Gaulle et des membres du GPRF et du CNR, 26 août 1944.

1 DOC. 1 **Le programme d'action du CNR contient des propositions répondant à trois objectifs. Classez dans le tableau chacune des propositions ci-dessous selon son objectif.**

1 « L'établissement de la démocratie la plus large en rendant la parole au peuple français par l'établissement du suffrage universel. »

2 « Le droit d'accès, dans le cadre de l'entreprise, aux fonctions de direction et d'administration, pour les ouvriers possédant les qualifications nécessaires, et la participation des travailleurs à la direction de l'économie. »

3 « Un plan complet de sécurité sociale, visant à assurer à tous les citoyens des moyens d'existence, dans tous les cas où ils sont incapables de se les procurer par le travail, avec gestion appartenant aux représentants des intéressés et de l'État. »

4 « La pleine liberté de pensée, de conscience et d'expression. »

5 « L'égalité absolue de tous les citoyens devant la loi. »

Rétablir la démocratie et les valeurs de la République	Élargir la démocratie au domaine économique	Donner aux citoyens de nouveaux droits sociaux
....	....	....

+ Document
Le programme du Conseil national de la Résistance
www.lienmini.fr/40175-05

Dès 1944, la France est dirigée par le Gouvernement provisoire de la République française (GPRF). La IVe République lui succède à partir du 27 avril 1946 avec l'adoption d'une nouvelle Constitution, votée par référendum. Ces deux régimes politiques ont œuvré pour la reconstruction, le développement du pays et la réaffirmation des valeurs républicaines.

DOC. 2 Une nouvelle Constitution pour la IVe République (1946)

Préambule

Au lendemain de la victoire remportée par les peuples libres sur les régimes qui ont tenté d'asservir et de dégrader la personne humaine, le peuple français proclame à nouveau que tout être humain, sans distinction de race, de religion ni de croyance, possède des droits inaliénables et sacrés. Il réaffirme solennellement les droits et libertés de l'homme et du citoyen consacrés par la Déclaration des droits de 1789 et les principes fondamentaux reconnus par les lois de la République. […]

Fidèle à sa mission traditionnelle, la France entend conduire les peuples dont elle a pris la charge à la liberté de s'administrer eux-mêmes et de gérer démocratiquement leurs propres affaires ; écartant tout système de colonisation fondé sur l'arbitraire, elle garantit à tous l'égal accès aux fonctions publiques et l'exercice individuel ou collectif des droits et libertés proclamés ou confirmés ci-dessus.

Constitution de la République française, 27 octobre 1946.

2 DOC. 2 **Soulignez dans le texte les éléments qui confirment la volonté de réaffirmer les valeurs républicaines au lendemain de la Seconde Guerre mondiale.**

3 DOC. 3 **Parmi les deux légendes proposées, entourez celle qui correspond à la photographie. Justifiez votre réponse.**

a. Le 21 octobre 1945, les Françaises et les Français votent pour dire oui ou non à la Constitution de la IVe République.

b. Le 29 avril 1945, les Françaises et les Français votent pour les élections municipales.

....

....

....

Le saviez-vous ?

L'ordonnance signée par Charles de Gaulle le 21 avril 1944 permet aux Françaises de voter. Elles le font la première fois à l'occasion des élections municipales du 29 avril 1945.

DOC. 3 Le droit de vote des femmes

Activité finale

Entre 1944 et 1958, le CNR puis la IVe République ont enraciné la République en France. Reliez chaque mesure du GPRF (Gouvernement provisoire de la République française) ou de la IVe République à son objectif.

Réalisations du GPRF ou de la IVe République	Objectifs
1944 Le droit de vote pour les citoyennes françaises ●	● Rétablir la démocratie et les valeurs de la République
1945 La création de la Sécurité sociale qui donne un accès gratuit et généralisé aux soins ●	● Élargir la démocratie au domaine économique
1945-1948 Les nationalisations de firmes clés (énergie, transport, etc.) ; la planification qui oriente les investissements des entreprises en fonction des besoins des Français ●	● Donner de nouveaux droits sociaux aux citoyens
1956 Le versement d'une aide aux personnes âgées les plus démunies ●	

Fil Rouge

Quelle est l'avancée démocratique dans le domaine social ?
Notez son nom dans le tableau page 7.

Chapitre 3

Bâtir la République

CAPACITÉ Relever les compétences et prérogatives du président sous la Vᵉ République

La Vᵉ République : la place centrale du président

En 1958, la IVᵉ République connaît de graves difficultés dues à l'instabilité ministérielle (22 gouvernements en douze ans) et à l'enlisement de la guerre d'Algérie. Pour résoudre la crise, le général de Gaulle est appelé au pouvoir. Après avoir réformé la Constitution en 1958, il devient le premier président de la Vᵉ République.

DOC. 1 Le référendum du 28 novembre 1958

Le 4 septembre 1958, Charles de Gaulle présente une nouvelle Constitution accordant plus de pouvoirs au président de la République. Il demande aux Français de l'adopter par référendum.

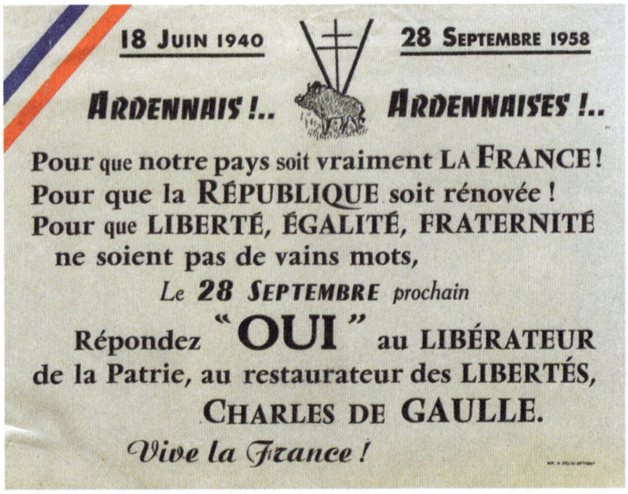
18 JUIN 1940 — 28 SEPTEMBRE 1958

ARDENNAIS !.. ARDENNAISES !..

Pour que notre pays soit vraiment LA FRANCE !
Pour que la RÉPUBLIQUE soit rénovée !
Pour que LIBERTÉ, ÉGALITÉ, FRATERNITÉ
ne soient pas de vains mots,
Le 28 SEPTEMBRE prochain
Répondez "OUI" au LIBÉRATEUR
de la Patrie, au restaurateur des LIBERTÉS,
CHARLES DE GAULLE.
Vive la France !

Tract des partisans de Charles de Gaulle dans les Ardennes, 1958.

1 DOC. 1 **Montrez comment le document présente Charles de Gaulle comme :**

– l'homme de la Résistance : ....

....

....

....

– un démocrate et un républicain : ....

....

....

....

....

2 DOC. 1 et 2 **D'après ces documents, quelle définition donneriez-vous du mot « référendum » ?**

....

....

....

DOC. 2 Le référendum du 28 octobre 1962

À la tête du pays depuis 1958, le général de Gaulle souhaite l'élection du président de la République au suffrage universel direct afin de renforcer sa légitimité.

Parti communiste français, tract pour le référendum du 28 octobre 1962. Avec l'autorisation du Centre de recherches politiques de Sciences Po (CEVIPOF).

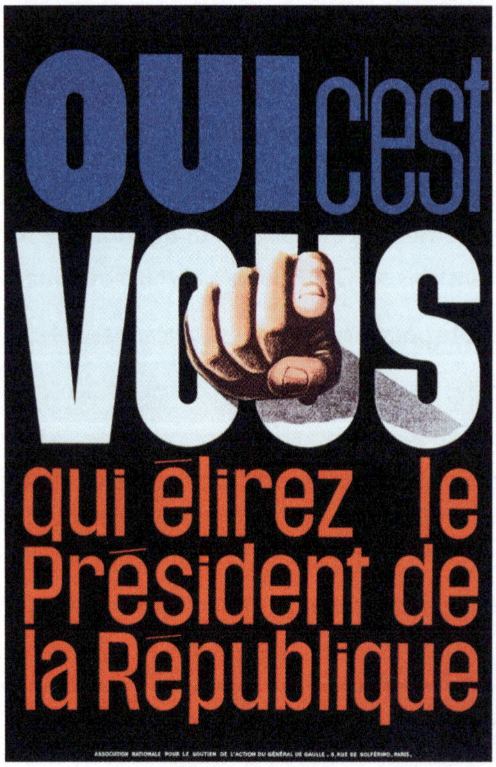

Association nationale pour le soutien de l'action du général de Gaulle, affiche, octobre 1962.

DOC. 3 Extraits de la Constitution de 1958

Lors du référendum de septembre 1958, la nouvelle Constitution présentée par le général de Gaulle est approuvée par 82,6 % des votants. Le 4 octobre 1958 la Ve République débute.

Article 6. Le président de la République est élu pour sept ans par un collège électoral [...].

Le président de la République nomme le Premier ministre. Il met fin à ses fonctions sur la présentation par celui-ci de la démission du gouvernement.

Sur la proposition du Premier ministre, il nomme les autres membres du gouvernement et met fin à leurs fonctions.

Article 9. Le président de la République préside le Conseil des ministres. [...]

Article 12. Le président de la République peut, après consultation du Premier ministre et des présidents des Assemblées, prononcer la dissolution de l'Assemblée nationale. [...]

Article 15. Le président de la République est le chef des armées. [...]

Article 16. Lorsque les institutions de la République, l'indépendance de la nation, l'intégrité de son territoire ou l'exécution de ses engagements internationaux sont menacés d'une manière grave et immédiate et que le fonctionnement régulier des pouvoirs publics constitutionnels est interrompu, le président de la République prend les mesures exigées par ces circonstances, après consultation officielle du Premier ministre, des présidents des Assemblées ainsi que du Conseil constitutionnel. [...]

Constitution du 4 octobre 1958.

Charles de Gaulle lors de son discours sur la place de la République, le 4 septembre 1958.

Le saviez-vous ?

Depuis 1958, l'article 6 a été modifié deux fois, en 1962 et en 2000. Il indique aujourd'hui : « Le président de la République est élu pour cinq ans au suffrage universel direct. Nul ne peut exercer plus de deux mandats consécutifs. ».

3 DOC. 3 **Entourez dans le texte les numéros des articles qui fixent les rapports entre le président de la République et le gouvernement.**

4 DOC. 3 **Pourquoi l'article 16 peut-il être critiqué au nom des principes démocratiques ?**

....

....

....

Activité finale

Complétez le tableau afin de montrer que la Constitution de 1958 donne une place centrale au président de la République.

Le gouvernement	L'Assemblée nationale	Dans le domaine militaire	Consultation du peuple	En cas de menace grave sur le pays
• Le président nomme	• Le président de la République peut	• Le président de la République est	• Le président de la République peut utiliser le	• Le président de la République dispose de pouvoirs ....
• Le président préside	....	....	....	....

Fil Rouge **Reportez dans le tableau page 7 le nom de l'homme politique à l'origine de la Ve République.**

Chapitre 3 Bâtir la République

JE M'AUTO-ÉVALUE

1 **Deux acteurs historiques étudiés dans ce chapitre sont à l'origine des événements représentés sur ces timbres. Associez un nom à chaque timbre.**

a. Nom de l'homme politique concerné par cet événement :

....

b. Nom de l'homme politique concerné par cet événement :

....

c. Nom de l'homme politique concerné par cet événement :

....

d. Nom de l'homme politique concerné par cet événement :

....

2 **Indiquez sous quelle République les mesures suivantes ont été prises.**
Défi : précisez la date exacte !

Élection du président de la République au suffrage universel	....
Loi de séparation des Églises et de l'État	....
Aide aux personnes âgées les plus démunies	....
Semaine de travail de 40 heures	....
École laïque, gratuite et obligatoire	....

Pour entrer dans la démarche, je formule une hypothèse

Selon vous, quel est le sujet de ce document ?

....

....

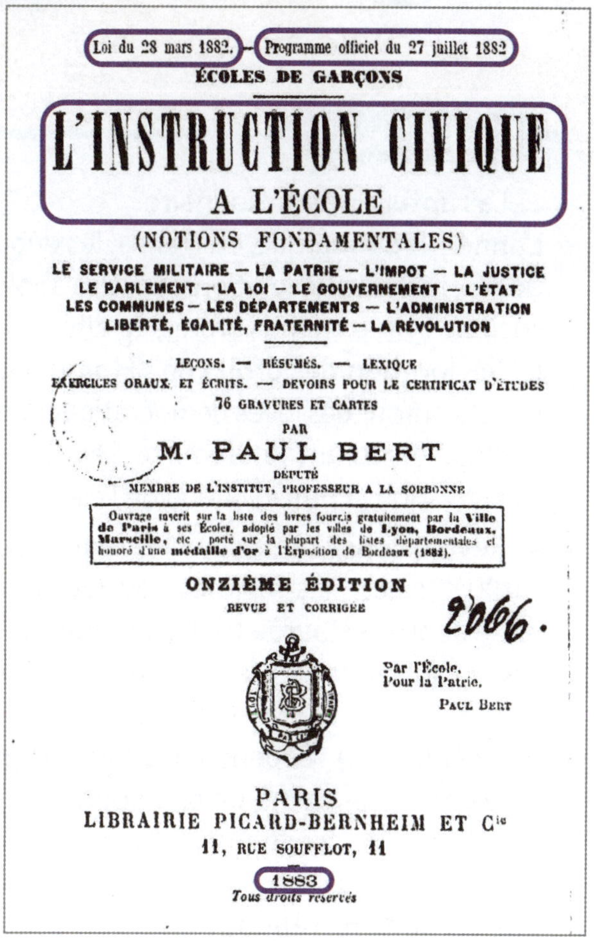
Loi du 28 mars 1882. — Programme officiel du 27 juillet 1882
ÉCOLES DE GARÇONS
L'INSTRUCTION CIVIQUE
A L'ÉCOLE
(NOTIONS FONDAMENTALES)
LE SERVICE MILITAIRE — LA PATRIE — L'IMPOT — LA JUSTICE
LE PARLEMENT — LA LOI — LE GOUVERNEMENT — L'ÉTAT
LES COMMUNES — LES DÉPARTEMENTS — L'ADMINISTRATION
LIBERTÉ, ÉGALITÉ, FRATERNITÉ — LA RÉVOLUTION
LEÇONS. — RÉSUMÉS. — LEXIQUE
EXERCICES ORAUX ET ÉCRITS. — DEVOIRS POUR LE CERTIFICAT D'ÉTUDES
76 GRAVURES ET CARTES
PAR
M. PAUL BERT
DÉPUTÉ
MEMBRE DE L'INSTITUT, PROFESSEUR A LA SORBONNE
Ouvrage inscrit sur la liste des livres fournis gratuitement par la Ville de Paris à ses Écoles, adopté par les villes de Lyon, Bordeaux, Marseille, etc., porté sur la plupart des listes départementales et honoré d'une médaille d'or à l'Exposition de Bordeaux (1882).
ONZIÈME ÉDITION
REVUE ET CORRIGÉE
2066.
Par l'École,
Pour la Patrie.
PAUL BERT
PARIS
LIBRAIRIE PICARD-BERNHEIM ET Cie
11, RUE SOUFFLOT, 11
1883
Tous droits réservés

Page de titre de l'ouvrage de Paul Bert, *L'Instruction civique à l'école*, 1883.

Bio

Paul Bert (1833-1886) : médecin, député, républicain à partir de 1872, succède à Jules Ferry comme ministre de l'Instruction publique en 1881-1882.

J'analyse le document en 4 étapes

ÉTAPE 1 Je relève des informations

1. Complétez le tableau en recopiant les éléments du document.

ÉTAPE 2 J'analyse le document en faisant des liens avec ce que je sais

2. En vous aidant des passages encadrés sur le document, notez :

Les notions fondamentales enseignées : • des devoirs : .... • des valeurs : .... • des connaissances sur les institutions : .... • un événement historique : ....
Les fonctions occupées par l'auteur : ....
Les valeurs défendues par Paul Bert : « Par l'École, pour .... »

– le régime sous lequel paraît ce manuel scolaire : ....

– la loi à laquelle il est lié : ....

....

ÉTAPE 3 Je comprends le document

3. En quoi le contenu de ce manuel correspond-il aux idées de la République ?

....

....

....

ÉTAPE 4 Ce que je sais maintenant

4. Quels sont pour les républicains les objectifs de l'école ? Répondez en complétant la phrase suivante :

« Pour les républicains, l'école est un moyen de ....

.... »

THÈME 1 La France de la Révolution française à la Vᵉ République : l'affirmation démocratique

+ Podcast
L'essentiel du thème 1 d'histoire
www.lienmini.fr/40175-06

L'essentiel

La rupture révolutionnaire

L'année 1789 marque, en France, les débuts d'un long chemin vers la **démocratie**. La Révolution française abolit la monarchie absolue et la société divisée en trois ordres. Égalité et liberté sont proclamées dans la **Déclaration des droits de l'Homme et du citoyen** (26 août). Les débats autour des idées démocratiques se multiplient. Certaines sont appliquées durant la Première République, même provisoirement : Constitution écrite, abolition de l'esclavage, mêmes lois pour tous…

Révolutions, République et républicains au XIXᵉ siècle

Au XIXᵉ siècle, les régimes politiques se succèdent. La monarchie est d'abord restaurée tout en conservant **une partie de l'héritage révolutionnaire** (texte constitutionnel, égalité des Français devant la loi et l'impôt, libertés individuelles, de culte, de la presse, élection des députés…). Cependant, l'**aspiration à davantage de libertés et d'égalité** entraîne deux révolutions. En 1848, la IIᵉ République instaure le **suffrage universel masculin** et abolit définitivement l'esclavage. Mais c'est surtout avec la **IIIᵉ République** (1870-1940) que la **culture républicaine** s'enracine dans le pays et que les **avancées démocratiques** se multiplient.

Bâtir la République

La **IIIᵉ République** adopte des **lois inspirées des idéaux révolutionnaires** (liberté de la presse ; école gratuite, laïque et obligatoire ; séparation des Églises et de l'État), mais elle s'effondre lors de la défaite de 1940, laissant place à un régime autoritaire, « **l'État français** » qui s'installe dans la ville de Vichy et collabore avec l'Allemagne nazie. À partir de 1944, la République est rétablie, les Françaises obtiennent le **droit de vote**, la IVᵉ République poursuit les **avancées sur le plan social** (Sécurité sociale, nationalisations d'entreprises…). Sous la Vᵉ République, le président de la République est élu au suffrage universel à partir de 1962. Les gouvernements successifs poursuivent l'œuvre républicaine (majorité à 18 ans, abolition de la peine de mort, parité hommes-femmes…).

NOTIONS

Démocratie et République :

La démocratie est un système dans lequel le pouvoir politique appartient à l'ensemble des citoyens. Il n'y a pas de démocratie sans séparation des trois pouvoirs (exécutif, législatif et judiciaire) et sans suffrage universel. Vivre en démocratie, c'est aussi bénéficier de libertés individuelles et collectives, de droits sociaux, etc.

En France, démocratie et République sont indissociables. Ainsi le peuple exerce le pouvoir à travers ses représentants qu'il a élus librement. Le gouvernement du pays se fait dans l'intérêt de tous et de la chose publique (la *res publica* en latin).

REPÈRES

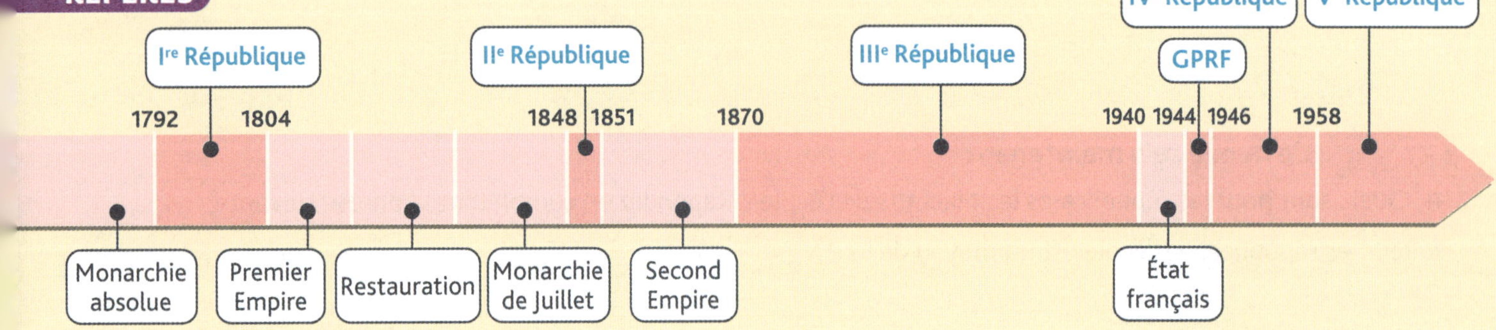

JE PRÉPARE L'EXAMEN

Mon choix de documents

A

« Je perds la tête, j'en trouve une »
Anonyme, estampe, 1793.
› p. 17

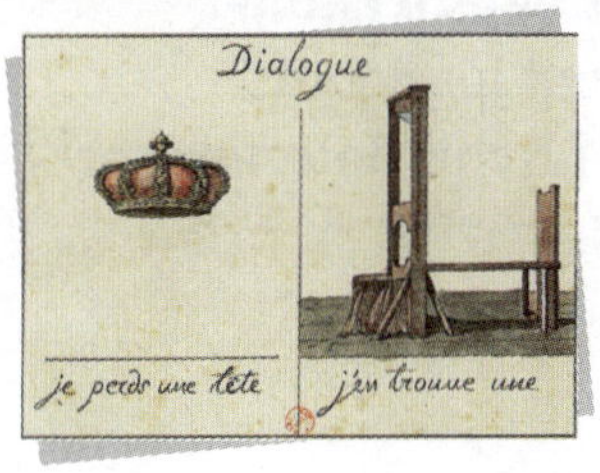

B

Triomphe de la République
Aimé Jules Dalou, statue en bronze, 1876-1899.
› p. 27

C

L'Instruction civique à l'école
Paul Bert, page de titre de son livre, 1883.
› p. 37

L'INSTRUCTION CIVIQUE
A L'ÉCOLE
(NOTIONS FONDAMENTALES)
PAR
M. PAUL BERT
ONZIÈME ÉDITION
PARIS
LIBRAIRIE PICARD-BERNHEIM ET Cie

D

....

....

....

Collez ici un document de votre choix (découpé ou photocopié)

Titre et références du document retenu : ....

ÉTAPE 1 Je présente le document

- J'indique la nature du document, son auteur, sa date, le lieu concerné.

....

- Je précise le sujet du document et son lien avec le thème 1 du programme d'histoire.

....

ÉTAPE 2 J'analyse le document

- Je rappelle le contexte historique.

....

- Je relève les principales informations en faisant le lien avec ce que je sais.

....

ÉTAPE 3 Je comprends le document

- Quel est l'intérêt du document ? Quelles sont ses limites éventuelles ?

....

....

ÉTAPE 4 Je conclus

- Qu'est-ce que le document m'a permis de comprendre ?

....

....

....

....

....

....

....

JE M'AUTO-ÉVALUE

- ☐ Je mobilise des connaissances et replace le document, les événements, les acteurs dans leur contexte.
- ☐ Je donne le sens global du document.
- ☐ Je fais preuve d'esprit critique face au document.
- ☐ J'utilise le vocabulaire de l'histoire.
- ☐ Je m'exprime de manière claire, correcte et de façon argumentée.

THÈME 2

La France et la construction européenne depuis 1950

Au lendemain de la Seconde Guerre mondiale, l'Europe aspire avant tout à la paix et doit se relever économiquement. Dès les années 1950, six pays d'Europe occidentale s'engagent dans des unions économiques. Ce sont les débuts de la construction européenne dans laquelle la France joue un rôle déterminant.

Je fais le point sur mes connaissances

1 Choisissez le titre qui convient à chacune des deux cartes à partir de la liste suivante.

L'espace Schengen en 2021 • L'Union européenne en 2021 • La zone euro en 2021 • Le continent européen.

....

....

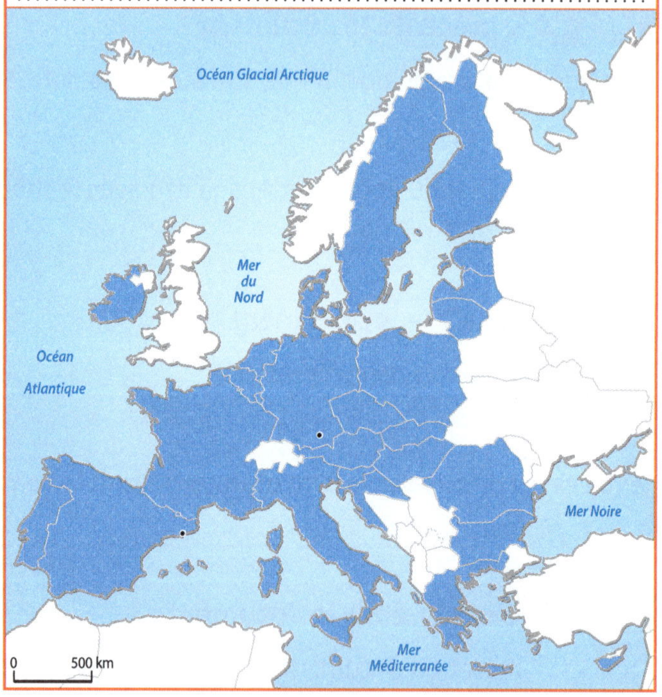

2 Cochez la ou les bonne(s) réponse(s).

a. Quelle organisation a précédé l'Union européenne ?

☐ La CEE ☐ La CED

b. Quels sont les six États fondateurs de la CEE ?

☐ L'Allemagne, la Belgique, la France, l'Italie, le Luxembourg, les Pays-Bas

☐ L'Allemagne, la Belgique, l'Espagne, la France, la Pologne, le Royaume-Uni

c. Où a été signé le traité donnant naissance à l'Union européenne ?

☐ À Schengen ☐ À Maastricht

d. Depuis quand paye-t-on en euros ?

☐ 2002 ☐ 2012

e. Dans quelle(s) ville(s) siège le Parlement européen ?

☐ Paris ☐ Strasbourg ☐ Bruxelles

f. Combien d'États sont membres de l'Union européenne en 2021 ?

☐ 27 ☐ 22

J'entre dans le thème

Le poste de douane à Bailleul (Nord), frontière entre la France et la Belgique

En 1969

Aujourd'hui

3 Un voyage en famille vous amène aujourd'hui en Belgique. Quelle différence y a-t-il lors de votre passage devant le poste de douane de Bailleul par rapport à 1969 ?

....

4 Comment expliquez-vous cette évolution ? ....

....

Fil Rouge

Complétez le tableau au fur et à mesure de l'étude du thème.

	Chapitre 1 Les débuts de la construction européenne	Chapitre 2 La méthode européenne	Chapitre 3 L'Europe à la recherche d'un nouvel élan
Acteurs	....	– .... –	–
Étapes de la construction européenne et du processus d'élargissement	– .... –	– .... – L'Europe politique : président du Parlement élu au suffrage universel (1979) – .... – L'Europe culturelle :	– .... – .... – ....
Crises	1954 : échec de la Communauté européenne de défense	–	– .... – .... – ....

Chapitre 1 Les débuts de la construction européenne

CAPACITÉ Situer un acteur majeur dans un contexte pour préciser son rôle

La recherche de la paix et les « pères de l'Europe »

La construction européenne, idée déjà émise par le passé, ne débute réellement qu'au lendemain de la Seconde Guerre mondiale. Elle résulte de l'implication de plusieurs personnalités politiques surnommées par la suite les « pères fondateurs de l'Europe ».

DOC. 1 **« Hommage aux pères fondateurs de l'Europe »**

« Hommage aux pères fondateurs de l'Europe », bronze de l'artiste russe Zurab Tsereteli, à Scy-Chazelles (Moselle), 2012.

① Alcide De Gasperi (1881-1954), Italien.
« L'avenir ne se construit pas grâce à la force, ni à l'esprit de la conquête, mais grâce à la patiente application de la méthode démocratique, à l'esprit constructif des accords et au respect de la liberté. » (1952)

② Robert Schuman (1886-1963), Français.
« La paix mondiale ne saurait être sauvegardée sans des efforts créateurs à la mesure des dangers qui la menacent. » (1950)

③ Jean Monnet (1888-1979), Français.
« Nous ne sommes qu'au début de l'effort que l'Europe doit accomplir pour connaître enfin l'unité, la prospérité et la paix. » (1950)

④ Konrad Adenauer (1876-1967), Allemand.
« L'unité de l'Europe était le rêve de quelques-uns. Elle est devenue l'espoir d'une multitude. Elle est aujourd'hui une nécessité pour nous tous. Elle est nécessaire pour notre sécurité, pour notre liberté […]. » (1954)

Le saviez-vous ?

L'expression « pères de l'Europe » désigne sept hommes politiques à l'origine des premières étapes de la construction européenne : la Communauté européenne du charbon et de l'acier (CECA) en 1951 et la Communauté économique européenne (CEE) en 1957.
Aux quatre personnalités représentées sur le document 1 s'ajoutent le Belge Paul-Henri Spaak, le Luxembourgeois Joseph Bech et le Néerlandais Johan Willem Beyen.

1 DOC. 1 **En vous aidant de leurs dates de naissance, nommez les deux grands événements meurtriers qu'ont vécus ces quatre hommes.**

……………………………………………………………………………………

2 DOC. 1 **Associez chaque « père de l'Europe » au régime non démocratique sous lequel il a vécu pendant la Seconde Guerre mondiale.**

Alcide De Gasperi ●	● dictature totalitaire nazie d'Hitler
Robert Schuman et Jean Monnet ●	● dictature totalitaire fasciste de Mussolini
Konrad Adenauer ●	● régime autoritaire de Vichy

3 DOC. 1 **Donnez deux motifs qui ont poussé ces quatre hommes à agir pour unir l'Europe dès les années 1950. Aidez-vous de vos réponses précédentes et des citations données dans le document.**

……………………………………………………………………………………

DOC. 2 Les engagements politiques de Robert Schuman

Portrait de Robert Schuman, vers 1960.

- **1919-1940** puis **1946-1962** Député de Moselle
- **1940** Arrêté par la Gestapo, placé en résidence surveillée, s'évade en 1942
- **1946-1947** Ministre des Finances
- **1947-1948** Président du Conseil (chef du gouvernement)
- **1948-1952** Ministre des Affaires étrangères
- **Mai 1950** Discours à l'origine de la construction européenne
- **1951** Signataire du traité de la Communauté européenne du charbon et de l'acier (CECA), première réalisation de la construction européenne
- **1958-1960** Premier président du Parlement européen

DOC. 3 Les engagements politiques de Konrad Adenauer

Portrait de Konrad Adenauer, vers 1960.

- **1917-1933** puis **1945** Maire de Cologne
- **1933** Chassé de la mairie de Cologne pour avoir refusé de décorer sa ville de croix gammées lors de la visite d'Hitler
- **1949-1963** Premier Chancelier de la RFA (Allemagne de l'Ouest)
- **1951-1955** Ministre des Affaires étrangères
- **1951** Signataire du traité de la Communauté européenne du charbon et de l'acier (CECA)
- **1957** Signataire de la Communauté économique européenne (CEE) avec cinq autres représentants d'États européens

4 **DOC. 2 et 3 Soulignez les passages qui indiquent les rôles que Robert Schuman et Konrad Adenauer ont joués dans la construction européenne.**

5 **DOC. 2 et 3 Bien qu'originaires de pays ennemis depuis des décennies, R. Schuman et K. Adenauer présentent des points communs. Donnez-en au moins deux.**

....

....

Activité finale

PARCOURS VERT Votre classe réalise un panneau d'affichage pour présenter les « pères de l'Europe ».

Robert SCHUMAN	Konrad ADENAUER
1886-.............	1876-...........
Nationalité :	Nationalité : ....
Deux objectifs après la Seconde Guerre mondiale :	Deux objectifs après la Seconde Guerre mondiale : ....
Rôle dans les débuts de la construction européenne :	Rôle dans les débuts de la construction européenne : ....

PARCOURS BLEU Réalisez les fiches de Jean Monnet et d'Alcide De Gasperi après avoir fait quelques recherches sur Internet. Pour vous aider, consultez le document via le lienmini ci-contre.

+ Document
Les pères fondateurs de l'Europe
www.lienmini.fr/40175-07

Fil Rouge Qui sont les « pères de l'Europe » ? Notez le nom de quatre d'entre eux dans le tableau page 41.

Chapitre 1

Les débuts de la construction européenne

CAPACITÉ Compléter un schéma simple en histoire

La déclaration Schuman et la CECA

Le 9 mai 1950, Robert Schuman, ministre français des Affaires étrangères, présente son projet de rapprochement des pays européens ravagés par la Seconde Guerre mondiale. Considérée comme le texte fondateur de la construction européenne, « la déclaration Schuman » est suivie dès 1951 par une réalisation concrète : la Communauté Européenne du Charbon et de l'Acier (CECA).

DOC. 1 La déclaration Schuman du 9 mai 1950

Au ministère des Affaires étrangères, à Paris, Robert Schuman annonce le projet de la CECA.

La paix mondiale ne saurait être sauvegardée sans des efforts créateurs à la mesure des dangers qui la menacent.

La contribution qu'une Europe organisée et vivante peut apporter à la civilisation est indispensable au maintien des relations pacifiques. En se faisant depuis plus de vingt ans le champion d'une Europe unie, la France a toujours eu pour objet essentiel de servir la paix. L'Europe n'a pas été faite, nous avons eu la guerre.

L'Europe ne se fera pas d'un coup, ni dans une construction d'ensemble : elle se fera par des réalisations concrètes créant d'abord une solidarité de fait. Le rassemblement des nations européennes exige que l'opposition séculaire[1] de la France et de l'Allemagne soit éliminée. [...]

Le gouvernement français propose de placer l'ensemble de la production franco-allemande de charbon et d'acier sous une Haute Autorité commune, dans une organisation ouverte à la participation des autres pays d'Europe. [...]

Ainsi sera réalisée simplement et rapidement la fusion d'intérêts indispensable à l'établissement d'une communauté économique qui introduit le ferment d'une communauté plus large et plus profonde entre des pays longtemps opposés. [...] Cette proposition réalisera les premières assises concrètes d'une Fédération européenne indispensable à la préservation de la paix. [...]

1. Séculaire : qui dure depuis un siècle.

1 DOC. 1 **Reconstituez le raisonnement tenu par Robert Schuman dans sa déclaration en complétant le schéma à l'aide des éléments suivants.**
des réalisations concrètes • la fin de toute opposition entre la France et l'Allemagne • la paix • cinq ans après la fin de la guerre en Europe • « placer l'ensemble de la production franco-allemande de charbon et d'acier, ... autres pays d'Europe ».

Contexte : ....
....
....

→ But du projet : ....
....
....

→ Moyen pour atteindre ce but : « Faire l'Europe »

↓ Pour faire l'Europe : - ....
- ....
....

← Donc la France propose de : ....
....
....

2 DOC. 1 Surlignez dans la déclaration Schuman la phrase décrivant la CECA.

3 DOC. 2 Expliquez la composition du premier drapeau de la CECA :

– le bleu est le symbole de ....

– le noir est le symbole du ....

– les 6 étoiles représentent ....

4 DOC. 3 Quels éléments indiquent que l'affiche concerne la CECA ?

– sur l'image : ....

....

....

....

– dans le texte de l'affiche : ....

....

....

5 DOC. 3 L'affiche est-elle favorable ou défavorable à la CECA ?

....

Justifiez votre réponse.

– sur l'image : ....

....

– dans le texte de l'affiche : ....

6 DOC. 3 Selon vous, que sous-entend la phrase « Première étape : le charbon et l'acier » ?

....

....

DOC. 2 Les six pays fondateurs de la CECA

En 1951, le traité de Paris fonde la CECA (Communauté Européenne du Charbon et de l'Acier). Six pays signent ce traité qui crée un marché commun du charbon et de l'acier pour une durée de 50 ans.

DOC. 3 La journée de l'Europe (1952)

1 « Journée de l'Europe libre »

2 « Première étape : charbon et acier »

Affiche allemande, 1952.

Activité finale

Complétez le schéma des débuts de la construction européenne.

La construction européenne

Trois buts :
– ....
– ....
– Le redressement économique de l'Europe

9 mai 1950 : ....
Mise en commun de la production
....
Deux États au départ :
....

1951 : CECA (C.............. E.............. du C.............. et de l'..............)
Création d'un marché commun du charbon et de l'acier
Six États membres : ....
....

Fil Rouge **Reportez dans le tableau page 41 le nom de la première étape de la construction européenne et sa date.**

Chapitre 1
Les débuts de la construction européenne

CAPACITÉ Compléter un schéma simple en histoire

Le traité de Rome et la Communauté économique européenne (CEE)

La volonté de réconciliation et le rapprochement des économies en Europe se sont concrétisés avec la mise en œuvre de la CECA. Si l'échec de la Communauté européenne de défense (CED) en 1954 marque un coup d'arrêt dans la construction européenne, de nouvelles négociations débutent en juin 1956. Elles aboutissent le 25 mars 1957 à la signature des traités de Rome instituant la Communauté économique européenne (CEE) et la Communauté européenne de l'énergie atomique (CEEA ou Euratom).

DOC. 1 Le traité de Rome (1957)

Sa Majesté le roi des Belges, le président de la République fédérale d'Allemagne, le président de la République française, le président de la République italienne, Son Altesse royale la grande-duchesse de Luxembourg, Sa Majesté la reine des Pays-Bas [...]
Ont décidé de créer une Communauté Économique Européenne [...]

Article 2. La Communauté a pour mission, par l'établissement d'un marché commun et par le rapprochement progressif des politiques économiques des États membres, de promouvoir un développement harmonieux des activités économiques dans l'ensemble de la Communauté, une expansion continue et équilibrée, une stabilité accrue, un relèvement accéléré du niveau de vie et des relations plus étroites entre les États qu'elle réunit.

Article 3. Aux fins énoncées à l'article précédent, l'action de la Communauté comporte, dans les conditions et selon les rythmes prévus par le présent traité :
a) l'élimination, entre les États membres, des droits de douane [...],
b) l'établissement d'un tarif douanier commun et d'une politique commerciale commune envers les États tiers,
c) l'abolition, entre les États membres, des obstacles à la libre circulation des personnes, des services et des capitaux,
d) l'instauration d'une politique commune dans les domaines de l'agriculture [...].

Article 4. 1. La réalisation des tâches confiées à la Communauté est assurée par : une Assemblée, un Conseil, une Commission, une Cour de Justice. Chaque institution agit dans les limites des attributions qui lui sont conférées par le présent traité.
2. Le Conseil et la Commission sont assistés d'un Comité économique et social exerçant des fonctions consultatives. [...]

1 DOC. 1 **Indiquez le nom des six pays signataires du traité de Rome.**

....

2 DOC. 1 **À l'aide de l'article 3, complétez la définition du « marché commun » créé en Europe par le traité de Rome.**

Le marché commun est une union d'États dans laquelle ....

....

3 DOC. 1 **Selon l'article 4, combien d'institutions sont également créées par le traité de Rome ?**

....

4 DOC. 1 **La CEE présente des dimensions politiques et économiques mais aussi sociales. Soulignez, dans les articles 2 et 4 du traité, les passages évoquant l'aspect social de la coopération européenne.**

DOC. 2 Une communauté européenne : la CEE (1957)

Buvard distribué dans les établissements scolaires, 1957.

5 DOC. 2 **Quelle vision de la CEE offre ce buvard aux élèves français ?**

☐ positive ☐ négative

Justifiez votre réponse en relevant et en expliquant trois éléments issus du texte ou du dessin.

– ……………………………………………………………………………………………………

– ……………………………………………………………………………………………………

……………………………………………………………………………………………………

– ……………………………………………………………………………………………………

……………………………………………………………………………………………………

Activité finale

Complétez ce schéma sur la création de la CEE.

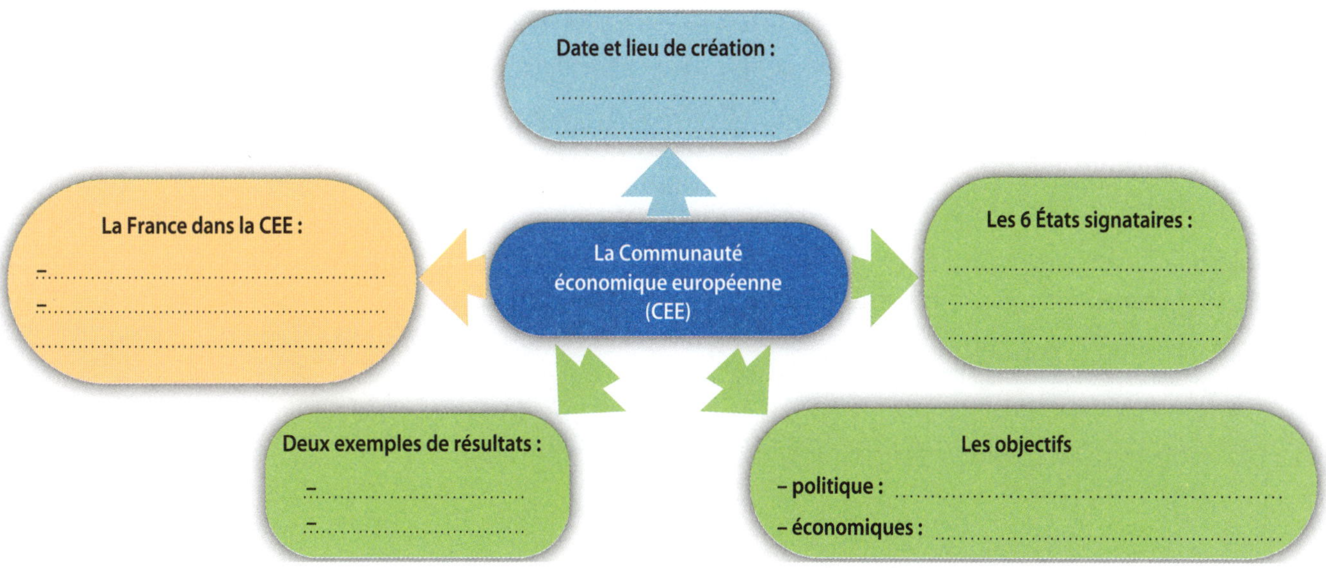

Fil Rouge **Dans le tableau page 41, écrivez « La création de la CEE en 1957 » dans la case qui vous semble la plus appropriée.**

Chapitre 1

Les débuts de la construction européenne

JE M'AUTO-ÉVALUE

1 **À l'aide des drapeaux, associez chaque « père de l'Europe » à son pays :**
Belgique • France • RFA (Allemagne) • Italie • Luxembourg • Pays-Bas.

Paul-Henri Spaak
(1899-1972)
Chef du gouvernement
....

Robert Schuman
(1886-1963)
Ministre des Affaires étrangères
....

Joseph Bech
(1887-1975)
Chef du gouvernement
....

Alcide De Gasperi
(1881-1954)
Président du Conseil
....

Konrad Adenauer
(1876-1967)
Chancelier
....

Johan Willem Beyen
(1897-1976)
Ministre des Affaires étrangères
....

Jean Monnet
(1888-1979)
Commissaire au Plan
....

2 **Cochez « Vrai » ou « Faux » pour chacune des affirmations ci-dessous. Justifiez ensuite votre réponse.**

	Vrai	Faux
a. La volonté d'union entre certains États européens est née des souhaits de paix et de développement économique sur le continent.	☐	☐
b. La CEE est la mise en commun des productions du charbon et de l'acier.	☐	☐
c. L'article 2 du traité de Rome crée un marché commun entre les États signataires.	☐	☐

Vers le CAP

Pour entrer dans la démarche, je formule une hypothèse

Quel est, selon vous, le sujet de ce document ? ....

....

....

„Setzen wir Europa in den Sattel, reiten wird sie schon können!" 13. Mai 1950

« Mettons Europe en selle, elle saura bien monter ! »

Le plan Schuman vu par Fritz Meinhard, un caricaturiste allemand, 13 mai 1950,

Le saviez-vous ?

Dans la mythologie grecque, Europe, fille du roi Agénor, est enlevée par Zeus qui apparaît sous la forme d'un majestueux taureau blanc. Zeus qui l'aime, l'emporte jusqu'en Crète. Ensemble ils auront trois fils.

J'analyse le document en 4 étapes

ÉTAPE 1 Je relève des informations

1. Après avoir nommé chacun des trois personnages, décrivez brièvement leur tenue et leur attitude. Aidez-vous de l'encadré « Le saviez-vous ? ».

Ⓐ ....

....

Ⓑ ....

Ⓒ ....

....

2. Selon vous, qui prononce la phrase « Mettons Europe en selle, elle saura bien monter » ?

....

ÉTAPE 2 J'analyse le document en faisant des liens avec ce que je sais

3. Quel événement cette caricature évoque-t-elle ? ....

....

ÉTAPE 3 Je comprends le document

4. Montrez que cette caricature est favorable à la construction européenne.

....

....

....

....

ÉTAPE 4 Ce que je sais maintenant

5. Montrez que le caricaturiste donne à la déclaration Schuman du 9 mai 1950 une importance historique.

....

....

....

Chapitre 2

La méthode européenne

CAPACITÉ Identifier et nommer les dates et acteurs des grands événements

De la réconciliation franco-allemande à l'Europe des 27

À la recherche de la paix, la construction européenne repose en grande partie sur la réconciliation franco-allemande. Cette construction débute avec six pays fondateurs et se poursuit en intégrant progressivement d'autres États pour aboutir aux 27 membres actuels.

DOC. 1 Des rencontres entre la France et Allemagne

Ⓐ Le chancelier Konrad Adenauer et le président de la République Charles de Gaulle signent le traité de l'Élysée, traité franco-allemand de coopération, le 22 janvier 1963.

Ⓑ Le président de la République François Mitterrand et le chancelier Helmut Kohl rendent hommage aux soldats français et allemands morts pendant les deux guerres mondiales à l'ossuaire de Douaumont (Meuse), le 22 septembre 1984.

Ⓒ Le président de la République Emmanuel Macron et la chancelière Angela Merkel signent le traité sur la coopération et l'intégration franco-allemandes à Aix-la-Chapelle (Allemagne) le 22 janvier 2019. Le traité d'Aix-la-Chapelle prévoit notamment un rapprochement des politiques économiques, diplomatiques et de défense des deux pays.

1 DOC. 1 Indiquez devant chaque affirmation la lettre correspondant à la photographie.

... Cette photographie est un symbole fort de la réconciliation de deux ennemis de longue date.

... La coopération franco-allemande se poursuit depuis plus de cinquante-six ans à travers des traités.

... Cette année-là, France et Allemagne coopèrent déjà au sein de la CECA et de la CEE.

2 DOC. 1 Pourquoi les relations entre la France et l'Allemagne sont-elles importantes pour la construction européenne ?

....

....

....

3 DOC. 2 **Complétez la légende de la carte en précisant le nombre de pays entrant à chaque étape de l'élargissement.**

4 DOC. 2 **Caractérisez les étapes de l'élargissement en ajoutant les éléments suivants dans la légende.**

Élargissement massif à l'Est •
Dernière entrée •
Élargissement au Sud (2 fois) •
Sortie du Royaume-Uni •
Les six États fondateurs

+ Carte interactive
De l'Europe des 6 à l'Europe des 27
www.lienmini.fr/40175-08

DOC. 2 De l'Europe des 6 à l'Europe des 27

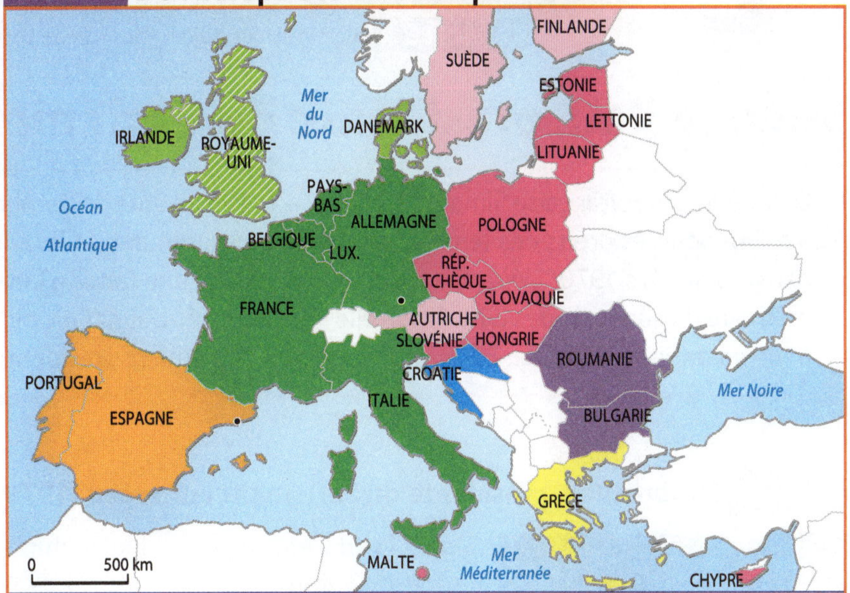

1957 ....

1973 + ...

1981 + ...

1986 + ...

1995 + ...

2004 + ...

2007 + ...

2013 + ...

2021 – ....

Le saviez-vous ?

Le drapeau européen est composé d'un cercle de douze étoiles dorées sur un fond bleu. Les étoiles symbolisent les idéaux d'unité, de solidarité et d'harmonie entre les peuples d'Europe.

Activité finale

Complétez le schéma afin d'identifier les dates et les acteurs de la construction européenne.

LA CONSTRUCTION EUROPÉENNE

La réconciliation franco-allemande

• Des traités : ....
....
• Des « couples » : ....
....

Un élargissement progressif

• 1957 : ....
• Entre 1973 et 2013, l'Europe passe successivement de 10 à ....
• 2021 : sortie du ....

Fil Rouge **Dans le tableau page 41, indiquez dans la case « Acteurs » le nom du premier duo franco-allemand, puis recopiez « l'Europe : de 6 à 27 » dans la case qui convient.**

La méthode européenne

CAPACITÉ Situer un acteur majeur dans son contexte pour préciser son rôle

Simone Veil, présidente du Parlement européen

La femme d'État française Simone Veil (1927-2017) a incarné de nombreux combats toute sa vie. Ministre, elle a milité pour les droits des femmes en portant, notamment, la loi sur l'interruption volontaire de grossesse dans les années 1970. Déportée parce que née dans une famille juive, elle a témoigné pour transmettre la mémoire du génocide des Juifs. Enfin, elle s'est engagée pour l'Europe, dans le souci de rapprocher les peuples et de garantir ainsi la paix. En 1979, elle devient la première présidente élue du Parlement européen.

DOC. 1 Simone Veil, présidente du Parlement européen (1979-1982)

Simone Veil, lors de son premier discours au Parlement européen, 18 juillet 1979.

Dans son autobiographie, Simone Veil revient sur les moments importants de sa vie.

Le succès passa d'ailleurs nos espérances. [...]

Compte tenu de ce que je représentais, il [le président de la République française Valéry Giscard d'Estaing] voyait dans ma candidature un symbole de la réunification franco-allemande, et la meilleure manière de tourner définitivement la page des guerres mondiales, ainsi qu'il ne se privait pas de le répéter à ses interlocuteurs. Giscard a toujours adoré les symboles qui frappent les imaginations. Qu'une ancienne déportée devienne la première présidente du nouveau Parlement européen lui paraissait de bon augure pour l'avenir. [...]

Mon premier discours se voulut le plus unitaire possible. Je m'y présentais évidemment avec le souhait d'être la présidente de toute l'assemblée, et insistais sur trois défis que nous avions à relever : celui de la paix, celui de la liberté, et celui du progrès social. Nous nous sommes aussitôt mis au travail, et les difficultés commencèrent. [...]

La présidence du Parlement européen m'a conduite à rendre visite à tous les gouvernements de la Communauté. J'ai souvenir d'avoir été partout reçue avec de grands égards. À Bonn, notamment, le chancelier Helmut Schmidt, comme son challenger de l'époque, Helmut Kohl, m'ont impressionnée. L'un et l'autre, fervents militants de l'Europe ne doutaient pas de la réunification de leur pays. [...] Sans doute est-ce à Paris que j'ai reçu l'accueil le plus désinvolte. Mes relations avec les gouvernants français n'étaient du reste pas faciles. J'étais surprise par leur manque d'intérêt pour les questions européennes. [...] Dans ce contexte d'indifférence, Valéry Giscard d'Estaing tranchait. Il ne cessait de suivre les questions institutionnelles, se montrait attentif aux travaux du Conseil, et tentait de poursuivre une politique européenne de la France digne de ce nom. [...]

Simone Veil, *Une Vie*, © Stock, 2007.

1 DOC. 1 **Dans cet extrait, Simone Veil raconte comment elle a vécu sa présidence au Parlement européen. Classez les éléments de son récit dans le tableau.**

Les aspects positifs	Les difficultés
– Le succès de son élection	....
....	....
....	....
....	....
....	....
....	....

2 DOC. 1 **Dans le troisième paragraphe, surlignez les quatre mots qui résument les engagements de la présidente du Parlement européen, Simone Veil.**

3 DOC. 1 Expliquez pourquoi l'élection de Simone Veil, première présidente du Parlement européen élue au suffrage universel, constitue un double symbole.

4 DOC. 1 Dans quel but Simone Veil, présidente du Parlement européen, rencontre-t-elle les gouvernants des pays membres ?

DOC. 2 L'entrée d'Antoine et Simone Veil au Panthéon (2018)

Un an après sa mort, Simone Veil entre au Panthéon, temple républicain à la mémoire des « grands hommes ». La Nation rend ainsi un hommage populaire et solennel à cette figure de la vie politique française et européenne. Son mari, Antoine, décédé en 2013, l'accompagne car la volonté du couple était de ne jamais être séparé.

La cérémonie de panthéonisation du couple Veil, à Paris, le 1er juillet 2018.

5 DOC. 2 Citez deux éléments de la photographie qui montrent l'hommage à l'engagement européen de Simone Veil.

6 DOC. 2 Relevez les éléments qui montrent qu'il s'agit d'un hommage national et républicain.

Activité finale

En 1981, Simone Veil a obtenu le prix Charlemagne. C'est une récompense remise à une personnalité ou à une institution pour son engagement en faveur de l'unification européenne.
Donnez deux raisons pour lesquelles Simone Veil a reçu ce prix.

–

–

Fil Rouge **Reportez dans la case « Acteurs » du tableau page 41 le nom du personnage historique sur lequel vous venez de travailler.**

Chapitre 2

La méthode européenne

CAPACITÉ Rendre compte à l'oral ou à l'écrit à titre individuel ou collectif

Un grand projet européen : Ariane

Les fusées Ariane sont des lanceurs européens de satellites. Les années 1970 sont marquées par la création de l'Agence spatiale européenne (ESA) et les débuts du programme Ariane. Ce dernier est alors financé, pour plus de la moitié, par la France. Aujourd'hui, les lanceurs européens sont une référence mondiale en matière de transport spatial.

DOC. 1 Le premier vol de la fusée Ariane, en 1979

Il est 14 h 13 heure locale en ce 24 décembre 1979 : après de multiples péripéties, Ariane 1 décolle du pas de tir de Kourou, en Guyane française [...]

Un échec du premier tir « aurait pu avoir des conséquences dramatiques allant jusqu'à l'arrêt du programme », selon M. Sillard [alors directeur général du Cnes[1]]. Car le fiasco de la fusée Europa était encore dans les esprits [...]. Le programme Europa fut abandonné en 1973, année de la création de l'agence spatiale européenne (ESA). Elle confia cette fois la maîtrise d'œuvre à un responsable unique, le Cnes. [...]

Sous responsabilité française, plus de 50 entreprises originaires de 10 pays travaillent à la réalisation du nouveau lanceur baptisé Ariane, en référence au fil de la mythologie grecque, « celui qui allait nous sortir du labyrinthe de la complexité des discussions européennes », selon Gérard Brachet, ancien ingénieur au Cnes dont il prit plus tard les commandes. [...]

Avec Ariane 1, pour la première fois dans le monde occidental, le monopole américain sur le lancement des satellites est entamé. L'Europe acquiert son indépendance et s'installe sur l'échiquier spatial mondial. « Ce premier tir nous a donné une crédibilité commerciale », souligne M. Brachet. « S'il n'y avait pas eu ce tir il y a quarante ans, il n'y aurait pas l'industrie spatiale européenne telle qu'elle existe aujourd'hui », estime Jean-Yves Le Gall, actuel président du Cnes.

« La fusée Ariane a quarante ans : l'histoire d'un "miracle" », *L'Union*, 23 décembre 2019.

1. Cnes (Centre national d'études spatiales) : établissement public français fondé en 1961 chargé du programme et de la recherche spatiale.

1 DOC. 1 **Le programme Ariane débute la même année que la création de l'ESA (Agence spatiale européenne). Donnez les dates marquant la naissance du projet spatial européen.**

- Lancement du programme Ariane par l'ESA : ....
- Premier vol de la fusée Ariane : ....

2 DOC. 1 **Combien de pays européens participent au programme Ariane à ses débuts ? Quel pays coordonne les travaux ?**

....

3 DOC. 1 **Pourquoi l'Europe veut-elle se donner les moyens de mettre en orbite ses propres satellites ?**

....

....

DOC. 2 Les nouveaux enjeux d'Ariane 6

Le 250e lancement d'Ariane, le 26 novembre 2019, amorce la transition vers Ariane 6, dont la principale finalité est de créer un nouveau modèle économique moins coûteux, apte à concurrencer les nouveaux programmes de création de fusées [...]

Sur le marché commercial, un nouveau modèle économique s'est mis en place au début des années 2000. Moins coûteux et basé en partie sur des financements privés, le « New Space »[1] est notamment incarné par les entreprises SpaceX (créée en 2002 par Elon Musk, le fondateur de Paypal et de Tesla) ou l'entreprise Blue Origin, détenue par Jeff Bezos, créateur d'Amazon. En 2018, SpaceX a lancé autant de satellites géostationnaires qu'Ariane 5. [...]

« Ariane : de nouveaux lanceurs spatiaux face à la concurrence », site vie-publique, 27 novembre 2019, © DILA.

1. « New Space » : « Nouvel espace », ouverture de la conquête spatiale à des acteurs privés.

DOC. 3 Budget record pour la conquête spatiale européenne

Réunis à Séville, les ministres responsables des affaires spatiales en Europe viennent de voter à l'Agence spatiale européenne (ESA) un budget record de 14.4 milliards d'euros afin de tenir tête à la montée en puissance des Américains et des Chinois. [...]

Denis Sergent (avec AFP), « L'ESA mieux dotée pour rester un géant de l'espace », *La Croix*, 30 novembre 2019.

4 **DOC. 2** À quels problèmes Ariane doit-elle faire face aujourd'hui ?

....

5 **DOC. 3** D'après la photographie, combien d'États européens coopèrent au projet Ariane ? ....
Ces pays sont-ils tous membres de l'Union européenne ?

....

6 **DOC. 2** et **3** Relevez les éléments qui prouvent que, depuis 40 ans, l'Europe se donne les moyens de rester un géant de l'espace.

....

....

Activité finale

Complétez le tableau. Puis présentez à l'oral en quelques phrases l'histoire du projet européen Ariane.

	1973 : lancement du programme Ariane	Ariane aujourd'hui
Objectifs	Indépendance par rapport aux autres puissances spatiales	– Indépendance – Activité commerciale
Nombre de participants	....	....
Fusées	Ariane 1	....
Lancements	1er vol :	.... : novembre 2019
Principaux concurrents	....	....

Fil Rouge Dans le tableau page 41, notez dans la case qui convient « L'Europe industrielle : lancement du programme Ariane (1973) ».

La méthode européenne

CAPACITÉ Justifier des choix, une production

Le rapprochement des peuples européens par la culture

PARCOURS VERT

En 2014, **Erasmus+** prend la suite d'un premier programme de mobilité créé en 1987. Il cherche à développer des actions dans les domaines de l'enseignement, de la formation, de la jeunesse et du sport. L'une de ces actions concerne les « mobilités à des fins d'apprentissage » permettant d'effectuer des stages en entreprise en Europe ou dans des pays partenaires.

DOC. 1 Témoignage d'une élève en bac professionnel

Alicia E., en classe de 1re Bac pro Cuisine, partie en stage en novembre-décembre 2019 pendant 4 semaines à Cork (Irlande) dans l'entreprise Barry's O Douglas.

« Avant de partir j'avais très peur de ne pas comprendre l'anglais de mon tuteur en entreprise, de prendre l'avion, de devoir m'organiser dans la vie quotidienne sans mes parents, mais finalement je me sens plus autonome, plus confiante au retour. Dans mon entreprise travaillaient 15 cuisiniers dont les équipes alternaient à différents moments car les Irlandais mangent plus de wraps ou sandwichs que nous à midi et mangent vers 18 h un vrai repas à la carte. Ils sont aussi très rassemblés autour des bars et des bières typiques. Ils m'ont considérée comme une employée et non une stagiaire car très vite je suis devenue responsable de la fabrication en direct des plats à emporter du midi. L'utilisation de la friteuse et la fabrication de snacks salés n'ont plus de secrets pour moi. Ils m'ont proposé un CDI en cuisine. De plus, j'ai vécu dans une famille charmante qui recevait aussi des Allemands, j'ai progressé en anglais et visité des lieux inoubliables comme le musée du *Titanic* à Cobh ou la prison de Cork et j'ai dégusté pour la première fois un vrai Irish stew !! »

Source : site du lycée professionnel Marc Godrie, Loudun (Vienne), témoignages d'élèves en Erasmus mobilités, 2019.

1 DOC. 1 **Comment qualifieriez-vous l'expérience vécue par Alicia ?** ☐ **positive** ☐ **négative**
Expliquez votre réponse en une phrase.

....

....

Activité finale

Vous souhaitez participer à un stage de quatre semaines dans le cadre du programme Erasmus+.
Pour préparer votre candidature, on vous demande de compléter la carte d'identité ci-contre.

Prénom : ....

Filière professionnelle : précisez le nom de la spécialité dans laquelle vous êtes inscrit(e) : ....

Je souhaite effectuer le stage en :

☐ Belgique ☐ Italie ☐ Pologne ☐ Irlande
☐ Espagne ☐ Grèce ☐ ....

Erasmus+

J'explique le choix du pays : ....

....

Je souhaite présenter ma candidature car je pense qu'un stage dans un pays européen me permettra de...

– ....

– ....

....

– ....

+ Document
D'autres témoignages d'apprenti(e)s sur le site Erasmus+

PARCOURS BLEU

Depuis 1985, pour valoriser les richesses et la diversité des cultures, l'Union européenne désigne chaque année une ville **capitale européenne de la culture**.

DOC. 2 Saint-Sébastien (Espagne), capitale européenne de la culture 2016
Affiche, 2016.

Parte vieja : vieille ville, quartier populaire et touristique dans lequel se trouvent les bars à *pintxos* (établissements qui proposent des repas composés de tapas).

Concha : baie de Saint-Sébastien en forme de coquille.

Construcción vacia : « construction vide », imposante sculpture de l'artiste Jorge Oteiza.

Estrellas Michelin : « étoiles Michelin » qui récompensent les restaurants de qualité.

2 **DOC. 2 Entourez sur l'affiche quelques activités culturelles qui ont permis à Saint-Sébastien d'être nommée capitale européenne de la culture 2016.**

3 **DOC. 2 Après avoir effectué des recherches sur certains mots de l'affiche, associez-en au moins un à chacun des domaines suivants. Vous comprendrez ainsi pourquoi Saint-Sébastien a été élue capitale européenne de la culture 2016.**

- Tourisme : ....
- Gastronomie : ....
- Musée : ....
- Éducation et université : ....
- Musique et arts du spectacle : ....

Activité finale

À la manière de l'affiche de Saint-Sébastien réalisez un photomontage pour défendre la candidature de votre ville comme capitale européenne de la culture. Utilisez des prospectus de programmes culturels, des extraits de bulletins municipaux, des photographies, à collecter auprès du CDI, des collectivités locales, etc.

Fil Rouge

Le domaine culturel est l'un des aspects de la construction européenne et de son développement. Notez dans le tableau page 41 le nom des deux programmes étudiés dans cette double page.

Chapitre 2

La méthode européenne

JE M'AUTO-ÉVALUE

1 **Complétez les étapes de la construction européenne à l'aide des éléments suivants.**

Depuis janvier 2021 • Dernière entrée d'un État dans l'Union européenne • 2004 • Six pays fondateurs

1957	....	2013	....
....	Un élargissement massif aux pays de l'Europe de l'Est	....	27 pays membres dans l'Union européenne

2 **Légendez chaque document avec l'élément qui convient.**

une Europe **de la paix** | une Europe **de la culture** | une Europe **politique** | une Europe **industrielle**

a. ....

b. ....

c. ....

d. ....

Vers le CAP

30e anniversaire du jumelage entre Cestas (France) et Reinheim (Allemagne)

Renouvellement du serment de jumelage, 2013.

Acte de renouvellement du Serment de Jumelage

Nous, maires de Cestas et de Reinheim librement désignés par le suffrage de nos concitoyens avons répondu durant trente ans aux aspirations profondes de notre population et de nos assemblées municipales respectives,

considérant l'évolution historique des relations franco-allemandes, avec un objectif de paix, de compréhension mutuelle et de solidarité européenne,

considérant, après la signature de notre serment de jumelage, le 1er octobre 1982, la force des liens d'amitié qui unissent nos populations et l'engagement des autorités locales permettant de s'assurer et de développer le dynamisme et la vitalité de ce jumelage,

prenons, en ce jour du trentième anniversaire, l'engagement solennel de poursuivre et entreprendre nos actions envers la jeunesse, nos citoyens, l'art, la culture, le sport, le développement économique... pour continuer à promouvoir notre partenariat dans une Europe unie sur la base de l'amitié, de la coopération et d'un objectif de progrès.

Fait à Cestas le 8 juillet 2013

Pierre Ducout, Maire de Cestas

Karl Hartmann, Maire de Reinheim

Pour entrer dans la démarche, je formule une hypothèse

Selon vous, quel est le sujet du document ?

J'analyse le document en 4 étapes

ÉTAPE 1 Je relève des informations

1. À quelle occasion ce document a-t-il été réalisé ?

2. Quels domaines d'activités sont concernés par le jumelage entre les villes de Cestas et de Reinheim ?

ÉTAPE 2 J'analyse le document en faisant des liens avec ce que je sais

3. À quels objectifs des débuts de la construction européenne répond la mise en œuvre d'un jumelage entre les villes de Cestas et de Reinheim ?

ÉTAPE 3 Je comprends le document

4. Quels éléments montrent que ce document a une dimension solennelle ?

ÉTAPE 4 Ce que je sais maintenant

5. À partir des réponses précédentes, définissez ce qu'est un jumelage entre deux villes européennes.

Je prolonge mon analyse

Le conseil municipal de votre commune envisage de créer un jumelage avec une ville européenne. Vous vous rendez à la réunion publique pour exprimer l'intérêt qu'un tel partenariat représente pour vous, jeune Français(e) et Européen(ne).
Préparez votre courte prise de parole en abordant par exemple les thèmes suivants : le développement économique, les échanges culturels, l'engagement pour une Europe unie dans la paix.

Chapitre 3 L'Europe à la recherche d'un nouvel élan

CAPACITÉ Compléter un schéma simple en histoire

1992 : le traité de Maastricht et l'instauration de l'Union européenne

Avec la fin de la guerre froide, au début des années 1990, la construction européenne connaît une nouvelle étape. La signature du traité de Maastricht le 7 février 1992 dépasse l'objectif économique de la CEE et donne une vocation politique à l'Union européenne.

DOC. 1 La création de l'Union européenne

Article A. Par le présent traité, les Hautes Parties Contractantes instituent entre elles une union européenne, ci-après dénommée « Union ».
Le présent traité marque une nouvelle étape dans le processus créant une union sans cesse plus étroite entre les peuples de l'Europe, dans laquelle les décisions sont prises le plus près possible des citoyens. [...]
Article B. L'Union se donne pour objectifs :
- de promouvoir un progrès économique et social équilibré et durable, notamment par la création d'un espace sans frontières intérieures, par le renforcement de la cohésion économique et sociale et par l'établissement d'une union économique et monétaire comportant, à terme, une monnaie unique, conformément aux dispositions du présent traité ;
- d'affirmer son identité sur la scène internationale, notamment par la mise en œuvre d'une politique étrangère et de sécurité commune, y compris la définition à terme d'une politique de défense commune, qui pourrait conduire, le moment venu, à une défense commune ;
- de renforcer la protection des droits et des intérêts des ressortissants de ses États membres par l'instauration d'une citoyenneté de l'Union ;
- de développer une coopération étroite dans le domaine de la justice et des affaires intérieures. [...]

Extraits du traité de Maastricht, 7 février 1992.

1 **DOC. 1 Soulignez dans le texte les domaines de coopération européenne prévus par le traité de Maastricht.**

2 **DOC. 1 Avec le traité de Maastricht, l'Union européenne succède à la Communauté économique européenne. En comparant les noms de ces deux institutions, expliquez pourquoi on peut parler d'élargissement dans la construction européenne.**

....

....

....

Le saviez-vous ?

L'adoption du traité de Maastricht s'est effectuée de deux façons : par le vote du Parlement dans neuf États et par référendum dans les trois autres (France, Danemark et Irlande).

3 **DOC. 1 Le traité de Maastricht prévoit la création d'une monnaie unique et d'une citoyenneté de l'Union. Quels objets utilisés aujourd'hui prouvent que cela a été réalisé ?**

....

....

DOC. 2 Campagne pour le référendum sur le traité de Maastricht, 1992

Affiche du Parti socialiste, 1992.

4 DOC. 2 **Décrivez le dessin de cette affiche.**

....

....

....

5 DOC. 2 **Selon le Parti socialiste, pourquoi faut-il voter « oui » au référendum sur le traité de Maastricht ?**

....

....

....

6 DOC. 3 **Selon le caricaturiste, quel reproche peut être fait au traité de Maastricht ?**

....

....

....

DOC. 3 La création de l'Union européenne

Le président de la République française François Mitterrand et le chancelier allemand Helmut Kohl. Caricature de Luz, parue dans *Charlie Hebdo* le 30 septembre 1992, après le « oui » des Français au traité de Maastricht.

Activité finale

À l'aide des documents et de vos réponses, complétez le schéma de présentation du traité de Maastricht signé le 7 février 1992.

Le traité de Maastricht (1992)

Objectifs
- Construire une Europe puissante
- Construire une Europe politique et une Europe des citoyens

Création de l'Union européenne (qui remplace la CEE)
- Une union économique et sociale qui prévoit aussi :

....

....

....

....

....

Les Français et le traité de Maastricht en 1992
- Une courte majorité de « oui » lors du référendum

....

....

....

....

Fil Rouge **Dans le tableau page 41, notez « 1992 : traité de Maastricht instituant l'Union européenne à la place de la CEE » dans la case qui convient.**

Chapitre 3 L'Europe à la recherche d'un nouvel élan

CAPACITÉ Identifier les frontières de l'espace Schengen et les pays appartenant à la zone euro

Un espace de libre circulation et une monnaie unique

À partir des années 1990, l'Union européenne consolide sa construction grâce à des mesures concrètes qui rapprochent les États membres. La libre circulation des personnes entre les pays signataires de l'accord Schengen ainsi que la monnaie unique, l'euro, en sont deux exemples.

DOC. 1 **Les États membres de la zone euro et de l'espace Schengen (2021)**

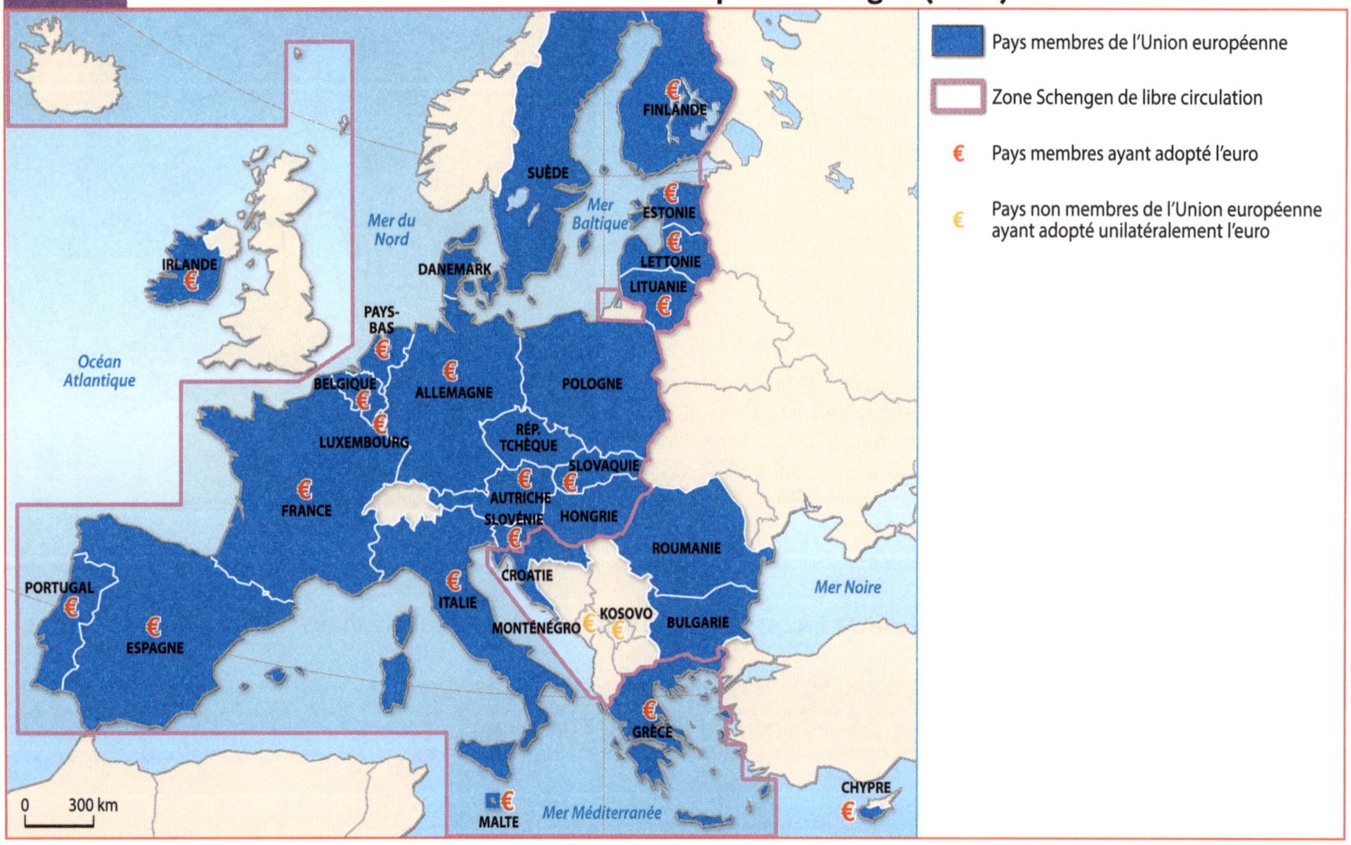

1 DOC. 1 **Complétez le tableau en cochant d'une croix les cases correspond à chaque État.**

	Union européenne	Espace Schengen	Zone euro
FRANCE			
ALLEMAGNE			
DANEMARK			
NORVÈGE			
ROUMANIE			

Le saviez-vous ?

Florin, *ducat*, *couronne* et surtout *écu* (annoncé dans le traité de Maastricht) ont été proposés pour désigner la monnaie unique européenne. Le nom *euro* a été finalement retenu car il est identique dans toutes les langues et facile à prononcer.

2 DOC. 1 **D'après vous, pourquoi la construction européenne peut-elle paraître difficile à comprendre ?**

....

DOC. 2 Les craintes sur l'euro revues vingt ans plus tard

Il y a vingt ans […] les « pro » et les sceptiques alignaient avantages et inconvénients d'avoir une monnaie unique. Avaient-ils raison ?

La peur du grand bug

Faux. En 1992, quand avec le traité de Maastricht, onze pays de l'UE se mettent d'accord pour créer une monnaie unique, qui faciliterait les échanges dans la zone, la crainte de l'an 2000 est très présente. Comment les ordinateurs qui régissent déjà nos vies vont-ils passer de « 99 » à « 00 » ? Le calendrier de mise en œuvre de l'euro est donc choisi par rapport à ce grand spectre, un an avant le changement de siècle pour les banques, deux ans après pour les particuliers. Et finalement, à l'exception de quelques entreprises qui ont tardé à convertir leur informatique, tout s'est bien passé.

On n'allait pas oublier le franc

Faux. Pour ceux qui avaient connu les anciens francs, pour ces grands-mères cajoleuses qui glissaient dans la poche de leurs petites-filles « une pièce de 1 000 francs » en pensant leur faire un cadeau exceptionnel (en réalité 10 francs, soit 1,50 €), un choc psychologique s'annonçait. Les débuts ont été difficiles pour tout le monde. Longtemps on a converti pour revenir à une réalité connue. […] Finalement, plus personne ne compte en francs. […]

Julie Claris, « L'euro a 20 ans : les craintes sur la monnaie unique étaient-elles justifiées ? », *Le Parisien*, 1er janvier 2019.

3 DOC. 1 et 2 Retracez l'histoire de l'euro en complétant la chronologie ci-dessous.

- .... — Prévision d'une monnaie unique dans le traité de .... pour 11 États de l'Union européenne
- .... — Utilisation de l'euro dans les échanges bancaires
- 2002 — Mise en circulation de l'euro pour ....
- 2021 — .... dans la zone euro

4 DOC. 2 Expliquez en quelques mots que les craintes des citoyens, lors du passage à l'euro, n'étaient pas justifiées.

– « La peur du grand bug » : ....

– « On n'allait pas oublier le franc » : ....

Activité finale

PARCOURS VERT

Placez dans le schéma ci-dessous : « Zone euro » - « Union européenne en 2021 » et « Espace Schengen » en précisant chaque fois le nombre d'États-membres. Ajoutez le nom « France » à la place qui convient.

....

....

....

PARCOURS BLEU

Expliquez à un ami non européen les avantages de l'espace Schengen et de la monnaie unique pour le commerce et les voyages.

....

....

....

Fil Rouge

Dans le tableau page 41, notez dans la case qui convient : « 1995 : espace Schengen de libre circulation » ; « 2002 : mise en circulation de l'euro ».

Chapitre 3 L'Europe à la recherche d'un nouvel élan

CAPACITÉ Rendre compte à l'oral ou à l'écrit à titre individuel ou collectif

La remise en question de l'Union européenne

Malgré des avancées indéniables, l'Union européenne fait face à des critiques de plus en plus nombreuses. Le rejet de la Constitution européenne par la France et les Pays-Bas en 2005, ainsi que le Brexit en 2016 illustrent cette remise en cause.

DOC. 1 Les résultats du référendum français en 2005

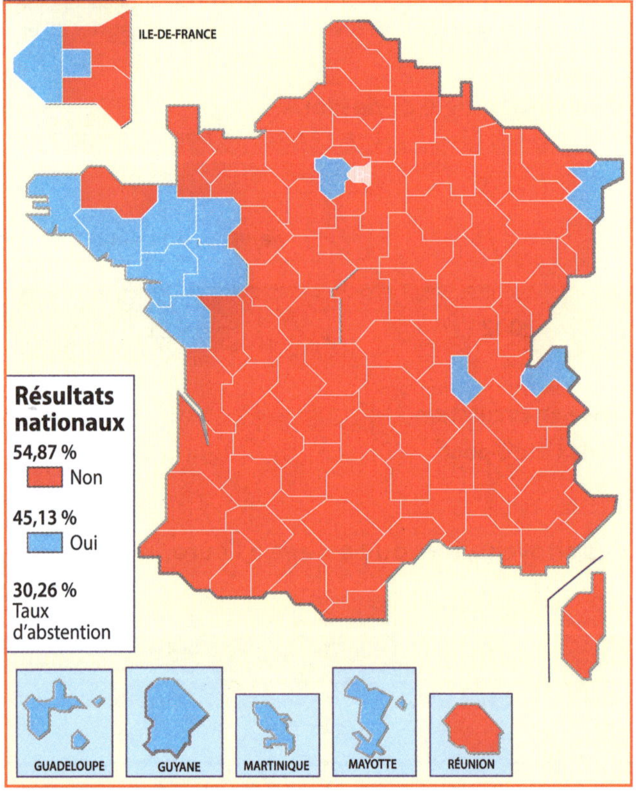

Au début des années 2000, un projet de Constitution européenne est élaboré. Le traité ne peut entrer en vigueur qu'une fois ratifié par les 25 États membres de l'Union européenne. Pour ce faire, certains pays choisissent la voie parlementaire, d'autres, comme la France, optent pour le référendum.

DOC. 2 Un sondage à la sortie des urnes, le 29 mai 2005

En votant aujourd'hui, vous avez pensé plutôt…

	… à la construction européenne	… aux problèmes nationaux	Ne se prononce pas
Total des votants (en %)	59	36	5
Votes OUI	81	15	4
Votes NON	42	52	6
Votes blancs ou nuls	42	41	17

Sondage CSA, mai 2005.

1 DOC. 1 **Pourquoi peut-on parler de large majorité du « non » ? Donnez au minimum deux explications.**

…………………………………………………………………………………………

…………………………………………………………………………………………

…………………………………………………………………………………………

2 DOC. 1 **« Cette victoire du non semble marquer une rupture du rôle de la France dans la construction européenne ». Justifiez cette affirmation.**

…………………………………………………………………………………………

…………………………………………………………………………………………

…………………………………………………………………………………………

3 DOC. 2 **Selon vous, la victoire du « non » traduit-elle un rejet massif de l'Europe par les citoyens français ? Justifiez votre réponse. Appuyez-vous sur la principale motivation des votants.**

…………………………………………………………………………………………

…………………………………………………………………………………………

…………………………………………………………………………………………

DOC. 3 Le Brexit vu par un caricaturiste belge

Caricature d'Oli, 24 juin 2016.

4 DOC. 3 D'après ce dessin, quelle a été la principale motivation des Britanniques qui ont voté la sortie de l'Union européenne ?

....

....

....

5 DOC. 3 Selon le caricaturiste, le Brexit est-il une bonne chose pour le Royaume-Uni ? Justifiez votre réponse.

....

....

....

....

6 DOC. 4 Donnez un titre à cette photographie.

DOC. 4 ....

Photographie dans une rue de Londres, 31 janvier 2020.
EU no more : « Union européenne, assez ».
① Manifestante pro-Brexit ② Manifestante anti-Brexit

Le saviez-vous ?

En juin 2016, un référendum historique est organisé au Royaume-Uni sur la poursuite, ou pas, de son appartenance à l'Union européenne. Les résultats engagent le processus de retrait : le **Brexit** (abréviation de *British*, britannique, et de *exit*, sortie). En janvier 2021, après de longues et difficiles négociations, le Royaume-Uni sort de l'Union européenne.

Activité finale

Un(e) député(e) européen(ne) dont vous êtes l'assistant(e) vous demande de rédiger une fiche comparative sur les référendums français de 2005 et britannique de 2016.

Référendum français de 2005	Référendum britannique de 2016
• Question posée :	• Question posée : ....
• Résultats :	• Résultats : ....
• Analyse des résultats :	• Analyse des résultats : ....

Fil Rouge **Dans le tableau page 41, notez « Le rejet de la Constitution européenne en 2005 » et « Le Brexit » dans la case qui convient.**

Chapitre 3

L'Europe à la recherche d'un nouvel élan

CAPACITÉ Suivre une démarche d'analyse et justifier une production

Les Français et l'Union européenne aujourd'hui

La France est un acteur majeur de la construction européenne : c'est l'un des six États fondateurs, l'un des pays signataires du traité de Maastricht en 1992. Elle appartient à la zone euro. Si les Français se montrent attachés à certains acquis européens, depuis 2005 une attitude plus méfiante et critique vis-à-vis de l'Union européenne se développe.

DOC. 1 Les Français et leurs représentations de l'Union européenne

Source : Commission européenne, résultat sous forme d'histogrammes du sondage « Des Français conscients des apports de l'Union européenne » réalisé en novembre 2018.

1 **DOC. 1** **Entourez les propositions qui sont des progrès ou des avancées de l'Union européenne selon les Français interrogés. Soulignez celles qui présentent des critiques.**

2 **DOC. 1** **D'après ce sondage, les Français vous semblent-ils avoir une représentation positive ou négative de l'Union européenne ? Expliquez votre réponse en une phrase.**

....

....

....

3 **DOC. 2** **Calculez les pourcentages ci-dessous.**

Pourcentage de Français attachés à l'Union européenne	Pourcentage de Français pas attachés à l'Union européenne
....	....

DOC. 2 L'attachement des Français à l'Union européenne

En ce qui vous concerne, diriez-vous que vous êtes très attaché(e), assez attaché(e) ou pas attaché(e) du tout à l'Union européenne ?

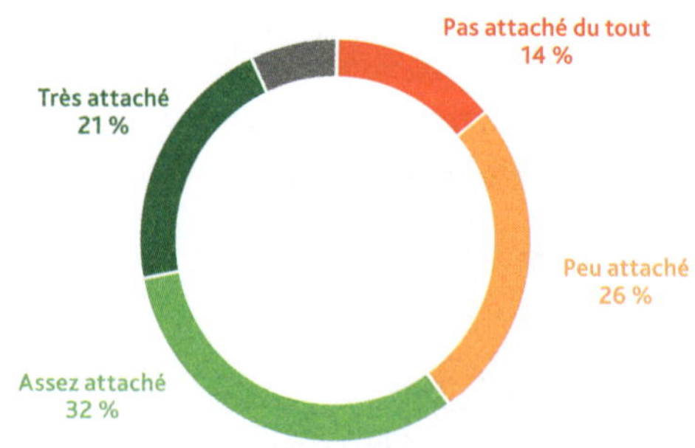

Source : La Tribune/ BVA, sondage « Les Français et l'Union européenne », 24 mai 2019.

DOC. 3 L'efficacité et la priorité des actions européennes vues par les Français

Résultat d'un sondage Odoxa pour l'IRIS (Institut de relations internationales et stratégiques) et *Le Parisien*, « Vers une reconquête de la jeunesse », réalisé en février 2020.

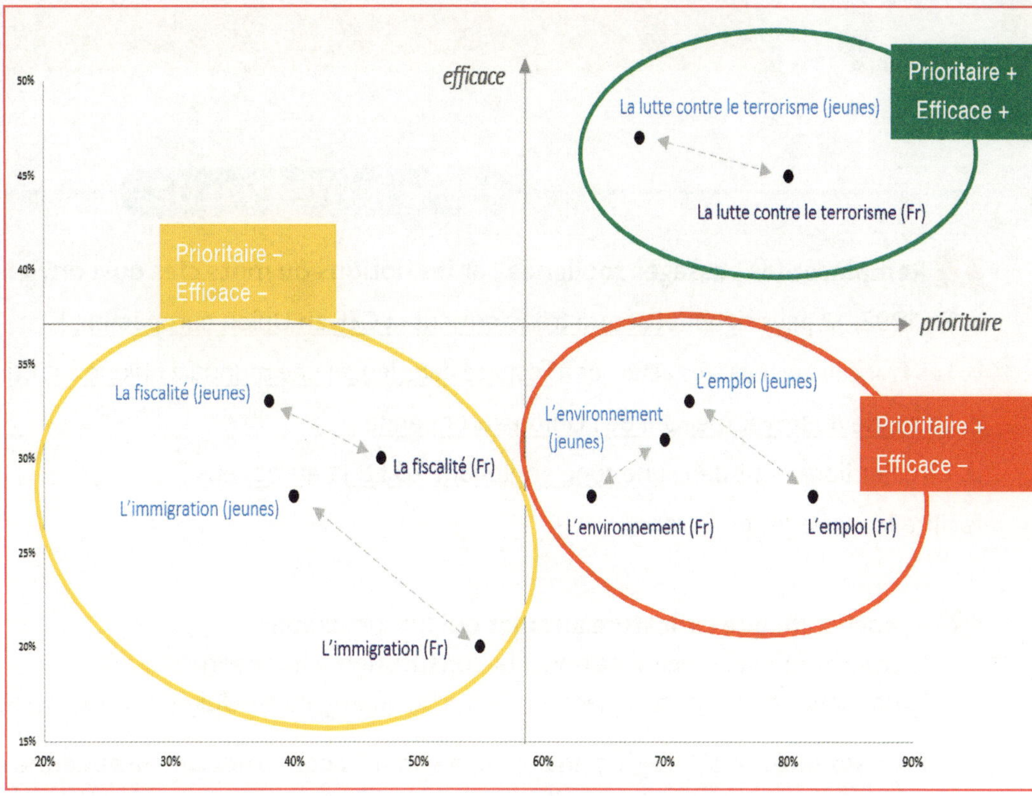

4 DOC. 3 Relevez sur ce graphique :

– un domaine dont la priorité et l'efficacité sont jugées les plus négatives par les Français : ....

– un domaine dont l'efficacité est jugée négative mais dont la priorité est la plus importante pour les jeunes :

....

5 DOC. 3 D'après ce sondage, comment les Français interrogés jugent-ils majoritairement les actions de l'Union européenne ? Justifiez votre réponse.

☐ Efficaces ☐ Inefficaces

....

....

Activité finale

Complétez ce diagramme circulaire en notant :
– dans le secteur gris : 3 critiques concernant l'Union européenne ;
– dans le secteur bleu : 3 acquis de l'Union européenne auxquels les Français sont attachés.
Exprimez votre opinion dans le dernier secteur : notez un argument favorable ou une critique vis-à-vis de l'Union européenne. Coloriez-le ensuite de la couleur correspondante.

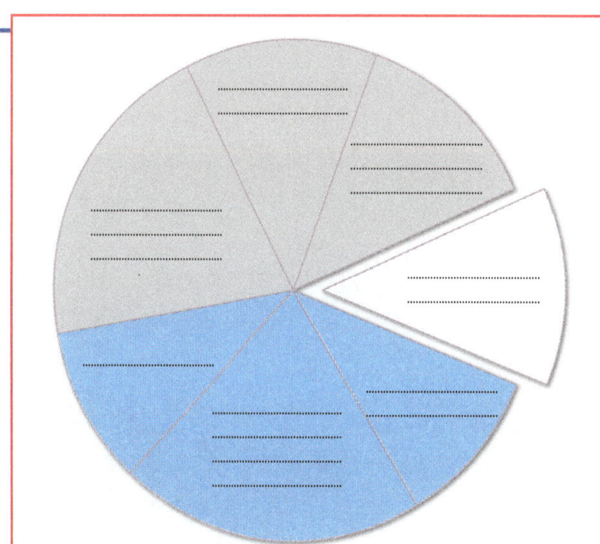

Fil Rouge

Dans le tableau page 41, notez dans la case qui convient l'expression « Limites de l'adhésion au projet européen ».

L'Europe à la recherche d'un nouvel élan

JE M'AUTO-ÉVALUE

1 **Remplacez les passages soulignés par les notions ou mots clés qui conviennent.**

a. En 1992, 12 pays signent l'accord transformant la CEE en Union européenne [..........].

b. Les Français restent très attachés à l'espace dans lequel une monnaie unique est utilisée [..........].

c. La sortie du Royaume-Uni de l'Union européenne [..........] a eu lieu en janvier 2021.

d. Circuler librement dans une zone englobant 26 États européens [..........] facilite les voyages en Europe.

2 **Associez chaque caricature au sujet qui lui correspond.**

la zone euro • la France vote non à la Constitution européenne • la naissance de l'espace Schengen • la sortie du Royaume-Uni de l'Union européenne

Précisez ensuite s'il s'agit d'une avancée pour la construction européenne ou s'il s'agit d'un recul.

Ⓐ ....

Ⓑ ....

Ⓒ ....

Ⓓ ....

Vers le CAP

Un nouveau président au Conseil européen (2017)

- L'« Ode à la joie », dernier mouvement de la Neuvième Symphonie de Beethoven, est l'hymne européen. Les trois symboles de l'Union européenne sont un drapeau, une devise (« Unie dans la diversité ») et la journée de l'Europe (9 mai).
- Un homme-orchestre est un musicien capable de jouer de plusieurs instruments en même temps. Au sens figuré, c'est une personne dotée de multiples compétences.

Vadot, dessinateur belge, « L'Ode à la joie », publié dans *L'Écho*, 19 avril 2017.

Pour entrer dans la démarche, je formule une hypothèse

Selon vous, quel est le sujet du document ? ……

………………………………………………………………

………………………………………………………………

………………………………………………………………

J'analyse le document en 4 étapes

ÉTAPE 1 Je relève des informations

1. Complétez les éléments de légende ci-dessous afin de décrire le document.

① Un homme-orchestre joue ………………………………………………

② Des symboles de l'Union européenne : ………………………………………

③ Certaines notes représentées par des drapeaux de l'Union européenne.

④ ………………………………………………………………

⑤ Des fausses notes.

ÉTAPE 2 J'analyse le document en faisant des liens avec ce que je sais

2. Quels sont les deux pays représentés par les plus grands drapeaux ? Pourquoi ? ………………

………………………………………………………………

3. Expliquez le symbole de la guitare brisée. ………………………………………

………………………………………………………………

ÉTAPE 3 Je comprends le document

4. Quels éléments du dessin traduisent la confusion qui règne autour de l'homme-orchestre ? ………

………………………………………………………………

………………………………………………………………

5. Qu'a voulu montrer le dessinateur sur le travail qui attend le nouveau président du Conseil européen ? ………

………………………………………………………………

………………………………………………………………

ÉTAPE 4 Ce que je sais maintenant

6. D'après ce dessin, rédigez le portrait de l'Union européenne en 2017. ………………………

………………………………………………………………

………………………………………………………………

THÈME 2 La France et la construction européenne depuis 1950

Podcast
L'essentiel du thème 2 d'histoire
www.lienmini.fr/40175-09

L'essentiel

Les débuts de la construction européenne

Au lendemain de la Seconde Guerre mondiale, le désir de paix et la nécessité de reconstruire poussent les « **pères de l'Europe** » à penser et mettre en œuvre la construction européenne. Le coup d'envoi est donné le 9 mai 1950 avec la **déclaration Schuman**. De ce discours découle en 1951 la création, par six États, de la Communauté européenne du charbon et de l'acier (**CECA**). En 1957, les mêmes États signent le traité de Rome qui donne naissance à la **Communauté économique européenne** (CEE).

La méthode européenne

L'Europe se bâtit à partir de la **réconciliation franco-allemande** et s'élargit par étapes successives, passant **des six États fondateurs** aux **vingt-sept membres actuels de l'Union européenne**.
Au fil des années, l'Europe oriente sa construction dans divers domaines : politique (Parlement européen), spatial (Ariane), culturel (Erasmus +, les capitales européennes de la culture), etc.

L'Europe à la recherche d'un nouvel élan

Avec le **traité de Maastricht** (1992), la CEE fait place à l'**Union européenne**. Celle-ci approfondit les relations entre les États membres : dès 1995, les **citoyens européens** peuvent se déplacer librement dans l'**espace Schengen** ; en 2002, une **monnaie unique** est mise en circulation : **l'euro**.
Cependant, malgré ces avancées, la construction connaît des moments de crise : le **non** l'emporte aux **référendums de 2005** en France et aux Pays-Bas ; les Britanniques choisissent en 2016 de quitter l'UE (**Brexit**).

NOTIONS

- **Communauté économique européenne (CEE) :** ensemble de 6 États européens (Belgique, France, Luxembourg, Italie, Pays-Bas, République fédérale d'Allemagne) créé par le traité de Rome en 1957, dans le but d'échanger librement leurs produits et services.
- **Construction européenne :** ensemble des étapes de la création et de la construction de l'Union européenne depuis la Seconde Guerre mondiale.
- **Parlement européen :** institution européenne comprenant 705 députés élus au suffrage universel direct. Son siège est à Strasbourg. Il vote les lois européennes et le budget. Il contrôle la Commission européenne.
- **Union européenne (UE) :** union de plusieurs États européens (27 en 2021) qui est à la fois économique (monnaie unique, l'euro), politique (citoyenneté européenne) et culturelle (Erasmus +).

REPÈRES

- **1950** : Déclaration Schuman
- **1951** : Création de la CECA
- **1957** : Traité de Rome : création de la CEE
- **1973** : Lancement du programme Ariane
- **1979** : Élection du Parlement européen au suffrage universel
- **1987** : Début du programme Erasmus
- **1992** : Traité de Maastricht : remplacement de la CEE par l'Union européenne
- **1995** : Entrée en vigueur de l'espace Schengen
- **2002** : Mise en circulation de l'euro
- **2021** : Sortie du Royaume-Uni de l'Union européenne

JE PRÉPARE L'EXAMEN

Mon choix de documents

A

Journée de l'Europe libre

Affiche allemande, 1952.

p. 45

B

Simone Veil, présidente du Parlement européen (1979-1982)

Extrait de Simone Veil, *Une Vie*, 2007.

p. 52

C

L'Ode à la joie

Dessin de Vadot, 2017.

p. 69

D

Collez ici un document de votre choix (découpé ou photocopié)

Titre et références du document retenu :

ÉTAPE 1 Je présente le document

- J'indique la nature du document, son auteur, sa date, le lieu concerné.
- Je précise le sujet du document et son lien avec le thème 2.

ÉTAPE 2 J'analyse le document

- Je rappelle le contexte historique.
- Je relève les principales informations en faisant le lien avec ce que je sais.

ÉTAPE 3 Je comprends le document

- Quel est l'intérêt du document ? Quelles sont ses limites éventuelles ?

ÉTAPE 4 Je conclus

- Qu'est-ce que le document m'a permis de comprendre ?

JE M'AUTO-ÉVALUE

- ☐ Je mobilise des connaissances et replace le document, les événements, les acteurs dans leur contexte.
- ☐ Je donne le sens global du document.
- ☐ Je fais preuve d'esprit critique face au document.
- ☐ J'utilise le vocabulaire de l'histoire.
- ☐ Je m'exprime de manière claire, correcte et de façon argumentée.

THÈME 1

Transports et mobilités

La planète est traversée par des circulations intenses de populations, de biens, de données et de services. Ces déplacements ont de nombreuses conséquences sur les territoires et les modes de vie de leurs habitants, notamment environnementales.

Je fais le point sur mes connaissances

1 Proposez votre définition du mot « transport ».

2 Proposez un synonyme du mot « mobilité ».

J'entre dans le thème

DOC. 1 La « Semaine de la mobilité »

Ministère de la Transition écologique et solidaire, affiche la Semaine européenne de la mobilité à Tours, septembre 2019.

DOC. 2 Un porte-conteneurs

Le MSC Gülsun, le plus grand porte-conteneurs du monde, effectue des liaisons entre l'Asie et l'Europe.

3 **DOC. 1** Classez dans ce tableau les moyens de transport et les types de mobilités présentés ici.

Quels moyens de transport ?	Quels types de mobilités ?

4 **DOC. 2** Pourquoi les porte-conteneurs révolutionnent les transports ?

5 Connaissez-vous d'autres modes de transport ? Lesquels ?

Fil Rouge

Complétez le fond de carte ci-dessous au fur et à mesure de l'étude du thème. Pour commencer, nommez les océans et placez le pôle Nord.

Un monde connecté par les transports et les mobilités humaines

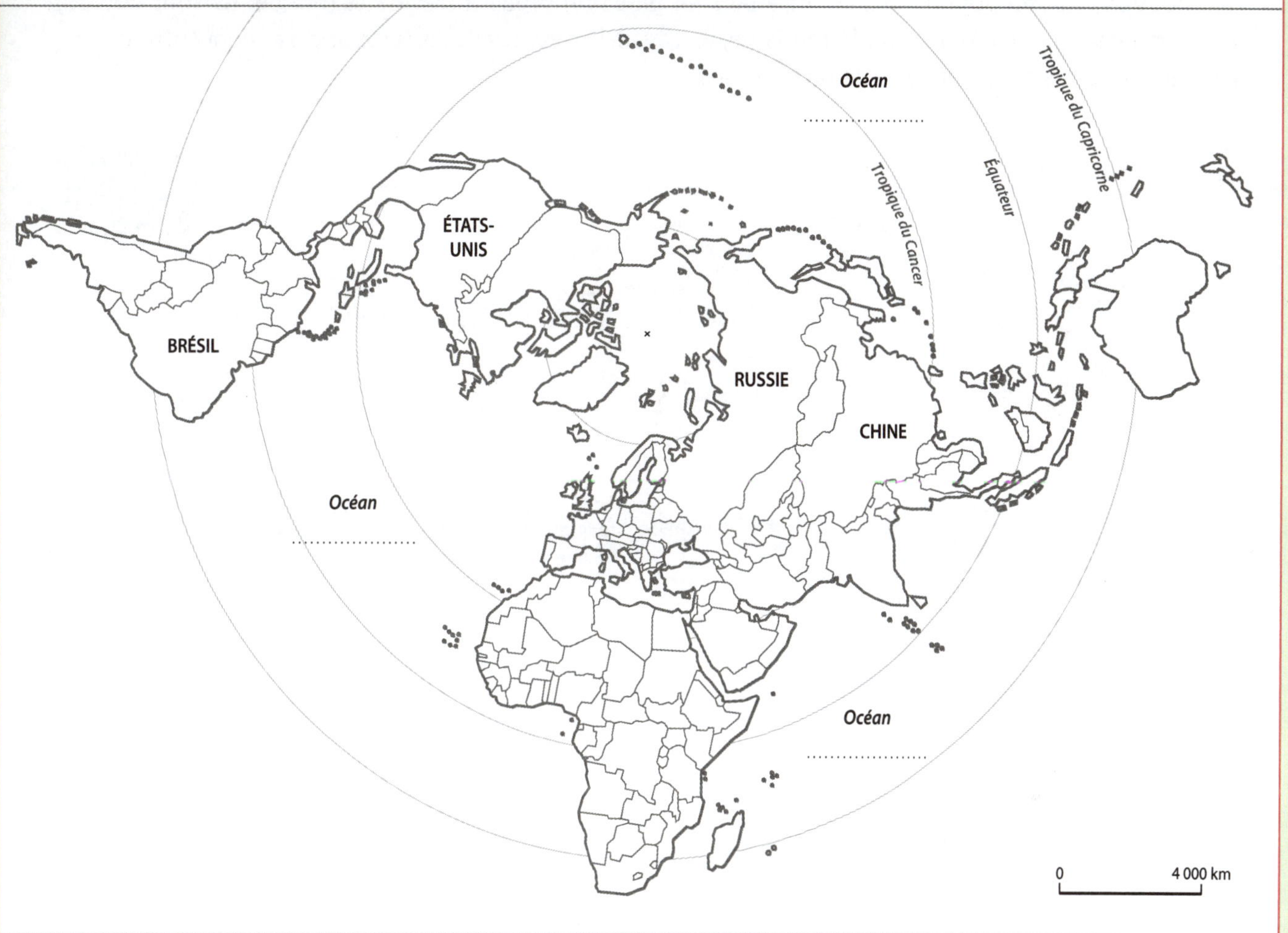

Légende

Chapitre 1. Des mobilités humaines diverses et croissantes

- 2 routes migratoires internationales
- 1 route migratoire régionale
- 2 zones de départ de migrations forcées
- 2 grands flux touristiques mondiaux
- 3 bassins touristiques majeurs
- Mon pays de résidence

Chapitre 2. Révolution des transports et perception du monde

- 2 data centers
- 1 câble sous-marin intercontinental
- Un grand aéroport européen (plateforme multimodale)
- Le lieu d'assemblage de mon smartphone
- Le trajet emprunté par ma commande
- Le trajet de l'avion civil que j'ai choisi
- Le trajet du satellite civil que j'ai choisi
- La route de l'attaque virale que j'ai choisie

Chapitre 3. Les lieux stratégiques du transport international

- 2 grandes routes maritimes
- Les principaux canaux et détroits
- 2 grands ports à conteneurs d'Asie du Sud-Est
- Port de Saint-Denis de la Réunion

Géographie et développement durable

- 1 exemple d'atteinte à l'environnement
- 1 exemple de migration due au changement climatique

Chapitre 1 Des mobilités humaines diverses et croissantes

CAPACITÉ Nommer et localiser les grands repères géographiques et les principaux processus étudiés

Différents types de mobilités

Les mouvements de populations sont de plus en plus nombreux à travers le monde. Ils sont de nature diverse : par exemple, pour le tourisme, le travail, la migration. Certains espaces concentrent la diversité de ces déplacements de populations.

DOC. 1 Les mobilités dans le monde

PARCOURS VERT

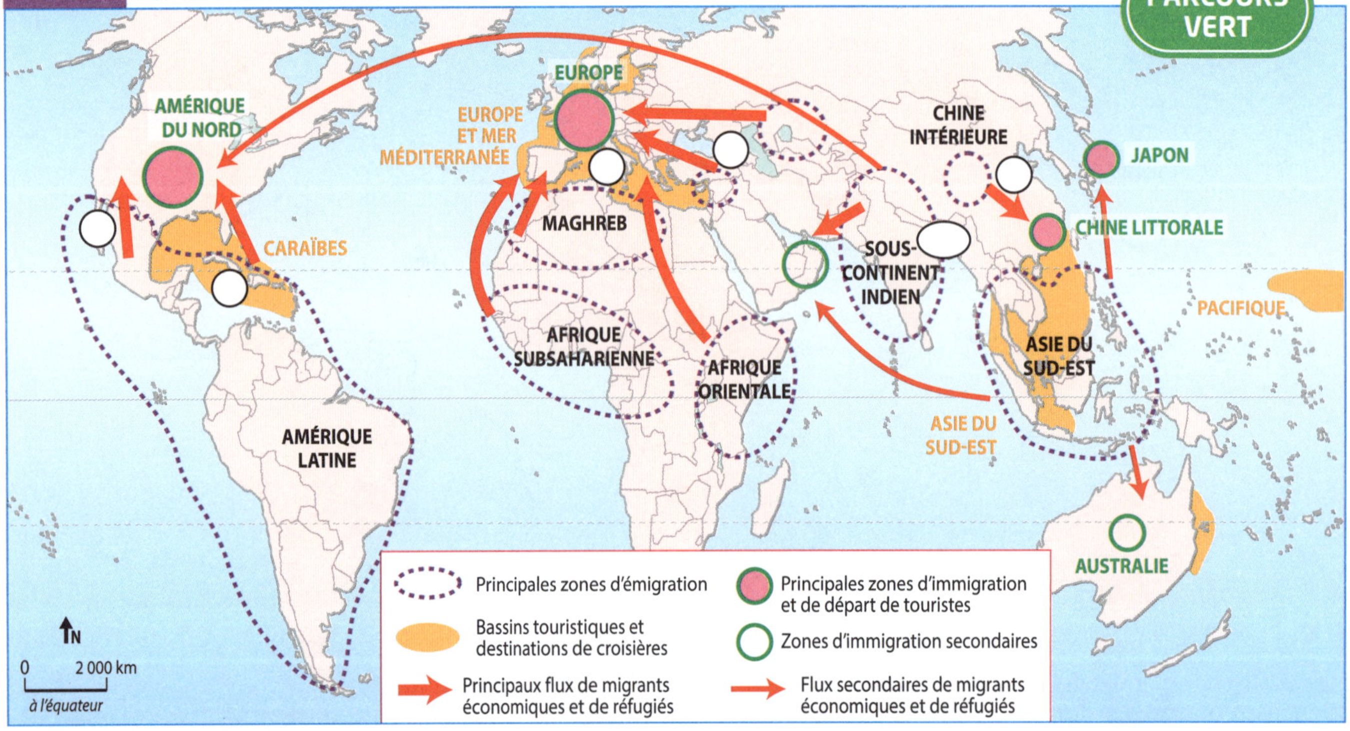

1 **DOC. 1** **Localisez chaque image de mobilité sur la carte ci-dessus en y inscrivant la lettre correspondante.**

Ⓐ Déplacements quotidiens à Dacca, capitale du Bangladesh.

Ⓑ Migrants à la frontière entre le Mexique et les États-Unis.

Ⓒ Atterrissage d'un avion sur l'île touristique de Saint-Martin, aux Caraïbes.

2 **DOC. 1** **Décrivez ces trois types de mobilité en complétant le tableau.**

Image	Lieu de départ	Lieu d'arrivée	Moyen de transport	Cause de la mobilité
Ⓐ	....	....	....	....
Ⓑ	....	....	....	....
Ⓒ	....	....	....	....

PARCOURS BLEU

DOC. 2 Quelques témoignages de mobilités à travers le monde

① 
« Je m'appelle Barsha, j'ai 22 ans et je viens de terminer une formation de couturière. Je suis originaire de Kurigram, au Bangladesh. À cause des inondations, notre maison a été très endommagée, les rizières ont été submergées. Il n'y a pas beaucoup d'emplois dans notre village. Alors j'ai dû partir en bus vers Dacca, pour chercher un emploi et une vie meilleure. »

② 
« Nous avons embarqué à Barcelone pour une croisière en Méditerranée à bord du paquebot *Harmony of the Seas*. C'est le plus gros paquebot du monde. La gastronomie y est excellente et le service de qualité. Ces éléments justifient un prix élevé par rapport aux autres compagnies navigant en Méditerranée. »

③ 
« Je suis originaire du Sichuan en Chine intérieure. J'ai quitté la campagne en train à l'âge de 18 ans pour travailler en ville, à Chengdu, comme femme de ménage. Mon mari est venu me rejoindre deux ans plus tard. Puis nous sommes allés à Shanghai. Mon mari cherche du travail. »

④ 
« Je suis parti mi-août de Syrie, fuyant la guerre, avec deux cousins, un sac sur le dos avec le minimum vital. J'ai passé la frontière libanaise par le Nord. Du Liban, j'ai pris un avion pour la Turquie. J'ai ensuite embarqué dans un bateau gonflable, initialement prévu pour 15 personnes. Mais nous étions 45 ! Le moteur a lâché en pleine mer, au large de la Grèce. J'aurais pu me noyer. Une ONG est arrivée à temps et nous a porté secours. Nous avons continué notre voyage vers l'Allemagne. »

VOCABULAIRE

Flux : déplacement d'une certaine quantité de personnes, de capitaux, d'informations, de marchandises par des moyens de communication organisés en réseaux, axes et pôles. Les flux peuvent être locaux ou mondiaux.

Migration : changement de résidence de manière définitive ou pour une longue période. La migration peut se faire à l'échelle internationale (immigration et émigration) ou à l'échelle locale.

3 **DOC. 1 et 2** Localisez sur la carte page 74 chacune des mobilités évoquées en inscrivant le numéro du témoignage près des flèches rouges.

4 **DOC. 2** Complétez le schéma ci-dessous et identifiez les causes des mobilités évoquées.

Des mobilités diverses

Lieu de départ : ....
Lieu d'arrivée : ....
Mode de transport : ....
Cause de mobilité : ....

Lieu de départ : ....
Lieu d'arrivée : ....
Mode de transport : ....
Cause de mobilité : ....

Lieu de départ : ....
Lieu d'arrivée : ....
Mode de transport : ....
Cause de mobilité : ....

Lieu de départ : ....
Lieu d'arrivée : ....
Mode de transport : ....
Cause de mobilité : ....

Fil Rouge Notez sur le fond de carte page 73 deux grands flux touristiques mondiaux et les trois bassins touristiques majeurs évoqués dans cette double page.

Chapitre 1 Des mobilités humaines diverses et croissantes

CAPACITÉ Décrire une situation géographique : les mobilités en mer Méditerranée

La Méditerranée, un espace à la croisée des mobilités humaines

La Méditerranée a toujours été un espace à la croisée des mobilités humaines. Depuis les années 2010 et les guerres civiles en Syrie et en Libye, de nombreuses personnes souhaitent émigrer.
Les migrations des demandeurs d'asile vers l'Europe, les mobilités dues au travail et les mobilités touristiques coexistent désormais dans cette région.

DOC. 1 Les trajets de migrants entre la Turquie et la Grèce

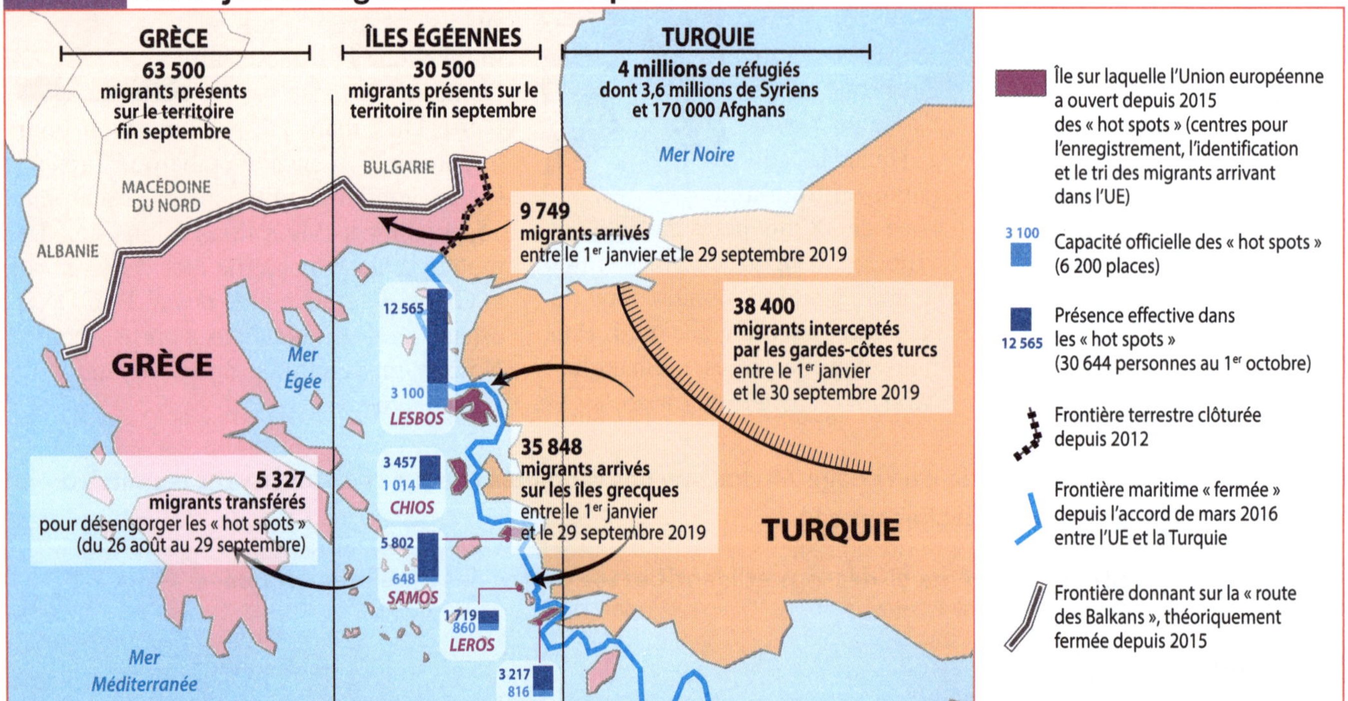

Source : Delphine Papin, Francesca Fattori et Floriane Picard, « Lesbos, nœud migratoire européen », *Le Monde*, 4 octobre 2019.

1 DOC. 1 **À l'aide de la carte, complétez le tableau.**

Régions de départ	Causes de départ	Régions d'arrivée	Nombre de migrants arrivés sur les îles grecques en septembre 2019	Nombre de migrants transférés en Grèce en septembre 2019	À quoi servent les « hot spots » ?
....	....	....			....
....	....	....			....
....	....	....			....
....	....	....	....	....	....
....	....	....			....
....	....	....			....
....	....	....			....

DOC. 2 Le trajet d'un paquebot de croisière

DOC. 3 L'impact des paquebots de croisière à Venise

Un navire de croisière dans la lagune de Venise, juin 2012.

2 DOC. 1 et 2 **Tracez sur la carte ci-dessus le trajet des migrants et entourez les trois îles où sont ouverts des « hot spots ».**

3 DOC. 1 et 2 **Pourquoi les mobilités des migrants et des touristes en croisière sont-elles différentes ?**

- Les migrants ....

....

- Les touristes ....

....

4 DOC. 3 **Décrivez la photographie.** ....

5 DOC. 3 **Selon vous, quelles peuvent être les conséquences négatives de la présence de nombreux paquebots de croisière à Venise ?** ....

....

Activité finale

Complétez le texte pour préparer une présentation orale sur les mobilités en mer Méditerranée et leurs conséquences.

La Méditerranée est un lieu où se déplacent et se croisent beaucoup de populations. Ces mobilités ont des conséquences .... car elles n'ont pas les mêmes causes.

Les migrants ....

....

Les touristes ....

....

Fil Rouge **Tracez sur le fond de carte page 73 deux routes migratoires internationales, une route migratoire régionale (Méditerranée ou Chine) et une zone de départ de migrations forcées.**

Chapitre 1

Des mobilités humaines diverses et croissantes

CAPACITÉ Raconter la mobilité au quotidien d'un habitant du territoire de proximité

Les mobilités locales

Après avoir étudié les transports et les mobilités aux échelles mondiales et régionales, l'activité suivante vous propose de réfléchir à votre propre mobilité, en prenant en compte l'échelle locale, celle de votre territoire de proximité.

ATELIER DE GÉOGRAPHIE

ÉTAPE 1 Je fais le point sur les modes de transport que j'utilise

DOC. 1 Le baromètre des mobilités au quotidien (2020)

La Fondation Nicolas Hulot pour la nature et l'homme et l'association Wimoov ont publié en janvier 2020 une enquête sur les mobilités au quotidien en France. Elle fait le point sur l'utilisation des différents modes de transport ainsi que sur la capacité à évoluer vers des solutions plus respectueuses de l'environnement.

Quels modes de transport utilisez-vous pour vos déplacements du quotidien ?

La voiture personnelle
Mode principal : 72 %
Mode occasionnel : 12 %

La marche pour rejoindre les transports
Mode principal : 22 %
Mode occasionnel : 38 %

La marche à pied exclusive
Mode principal : 27 %
Mode occasionnel : 40 %

Les transports collectifs urbains
Mode principal : 17 %
Mode occasionnel : 32 %

Le vélo classique personnel
Mode principal : 5 %
Mode occasionnel : 26 %

Les transports collectifs régionaux
Mode principal : 5 %
Mode occasionnel : 27 %

Un deux-roues motorisé personnel
Mode principal : 3 %
Mode occasionnel : 8 %

Le covoiturage
Mode principal : 1,3 %
Mode occasionnel : 20 %

Le TGV
Mode principal : 1,2 %
Mode occasionnel : 32 %

Les vélos en libre-service
Mode principal : 0,7 %
Mode occasionnel : 4 %

Les taxis et VTC
Mode principal : 0,7 %
Mode occasionnel : 1 %

Les trottinettes électriques
Mode principal : 0,4 %
Mode occasionnel : 3 %

Les voitures en libre-service
Mode principal : 0,4 %
Mode occasionnel : 2,2 %

Les scooters en libre-service
Mode principal : 0,3 %
Mode occasionnel : 1 %

Source : Fondation Nicolas Hulot pour la nature et l'homme, *Le Baromètre des mobilités au quotidien*, 2020. Enquête réalisée auprès de 4 000 personnes représentatives de la population française âgées de 18 à 75 ans.

1 DOC. 1 **Entourez sur le document vos modes de transport au quotidien, puis surlignez votre mode d'utilisation (principal ou occasionnel).**

2 DOC. 1 **Comparez vos pratiques avec les chiffres de l'enquête.**

....

....

....

ÉTAPE 2 Je compare les différents modes de transport

À l'aide d'une application de cartographie et de calcul d'itinéraire (Mappy, Google Maps, ViaMichelin, Waze...), comparez les modes de transport et déterminez celui qui est le plus adapté et le plus respectueux de l'environnement pour vous rendre à votre lycée ou à votre centre de formation.

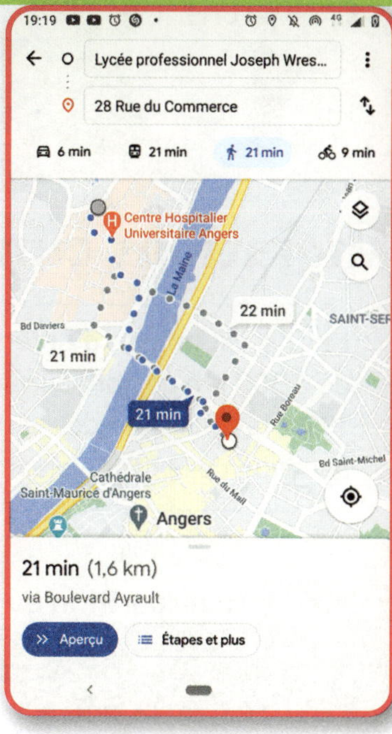

3 **Connectez-vous sur le site ou l'application choisie.**

- Entrez votre adresse de départ puis votre adresse d'arrivée.
- Cliquez sur le moyen de transport de votre choix puis prenez les renseignements nécessaires pour votre trajet.
- Cliquez ensuite sur deux autres moyens de transports différents afin de les comparer pour choisir le plus adapté à votre situation et le plus respectueux de l'environnement.

4 **Prenez des notes et faites votre choix.**

Moyens de transport choisi	Solution n°1 :	Solution n°2 :	Solution n°3 : ....
Durée du trajet	....	....	....
Prix de revient	....	....	....
Respect de l'environnement 🙂 😐 ☹️	....	....	....
Je coche mon choix pour le matin	☐	☐	☐
Je coche mon choix pour le soir	☐	☐	☐

ÉTAPE 3 Je décris mon choix de mobilité au quotidien

En quelques lignes, présentez en détail vos trajets quotidiens, en indiquant votre situation personnelle et vos contraintes (coût, horaires, durée de déplacement, handicap éventuel...).
Intégrez dans votre récit les informations données sur le site consulté pour déterminer la solution la plus adaptée et la plus respectueuse de l'environnement.

....

....

....

....

Fil Rouge Entourez sur le fond de carte page 73 votre pays de résidence.

Chapitre 1

Des mobilités humaines diverses et croissantes

CAPACITÉ Comprendre les liens entre les formes de mobilité et le changement climatique

Migrations climatiques : l'exemple du Chili

Le Chili est un État d'Amérique du Sud qui s'étire entre l'océan Pacifique et la Cordillère des Andes sur près de 4 300 km du nord au sud. Il fait partie des pays les plus développés du continent, mais depuis les années 1990, le Chili subit des périodes de sécheresse de plus en plus importantes. C'est en particulier le cas dans la région de la capitale Santiago où se trouvait le lac Acuelo.

DOC. 1 La disparition du lac Acuelo

Capture d'écran du reportage télévisé « Chili : le réchauffement climatique a rayé un lac de la carte », France 2, 28 octobre 2019.

+ Vidéo
Reportage télévisé sur le lac Acuelo
5 min 57
www.lienmini.fr/40175-10

1 DOC. 1 **Placez dans les cadres les éléments marquants de l'image :**
Lac asséché • Végétation morte • Installations touristiques abandonnées • Restaurants et lieux de vie fermées.

2 DOC. 1 **Selon vous, pourquoi les habitants et les touristes ont-ils abandonné ce lieu ?**

....

....

3 DOC. 1 **Imaginez que vous êtes un(e) habitant(e) de Santiago du Chili, habitué(e) à aller au bord du lac Acuelo. Vous informez par SMS un ami français de ce que vous constatez actuellement dans cette région.**

....

....

DOC. 2 Les origines et les conséquences de la sécheresse au Chili

À entendre le climatologue Raúl Cordero, le processus de désertification est amorcé depuis plusieurs années. Le passage d'un climat semi-aride à aride dans la zone la plus peuplée du pays est une réalité : « La sécheresse est un mécanisme naturel, mais elle est amplifiée par le changement climatique. »

Selon le chercheur, le Chili est en train de connaître ses premiers réfugiés climatiques internes. « Face au manque d'eau conjugué à l'augmentation de la demande, certains sont obligés de se déplacer vers le sud. Ce phénomène est inéluctable, car les modèles climatiques prévoient une hausse des températures dans les décennies à venir. » [...]

Certains éleveurs n'ont pas attendu pour effectuer une transhumance sur une distance inédite. Juan Carlos Codoceo est l'un d'entre eux. Début janvier [2019], il a pris le volant de l'un des six camions transportant 1 150 chèvres pour rallier les vertes prairies de San Fabián, aux portes de la Patagonie [à l'extrême sud du Chili]. « Nous sommes obligés de parcourir 850 km pour sauver les troupeaux. À Punitaqui [à 400 km au nord de Santiago], plus de 50 % du bétail est mort l'an dernier. »

La filière est à la croisée des chemins, selon Juan Carlos Codoceo. « Ceux qui ont les moyens iront s'installer dans le sud et les autres se reconvertiront. Beaucoup de jeunes font le choix de travailler dans les mines de cuivre du nord du Chili. Une double peine, car c'est une industrie très gourmande en eau. »

Dans la région de Valparaíso, le développement des cultures d'avocat a asséché les rivières et les nappes phréatiques en quelques années. [...]

« Les origines et les conséquences de la sécheresse au Chili », journal suisse *Le Temps* du 19 août 2019.

4 DOC. 2 Surlignez dans le texte les causes de la sécheresse au Chili.

5 DOC. 2 À partir du document 2, complétez la légende de la carte du Chili ci-contre.

Déplacements des

....

Déplacements de

....

Déplacements de

....

Mines de cuivre

Lac Acuelo

Zone touchée par la sécheresse

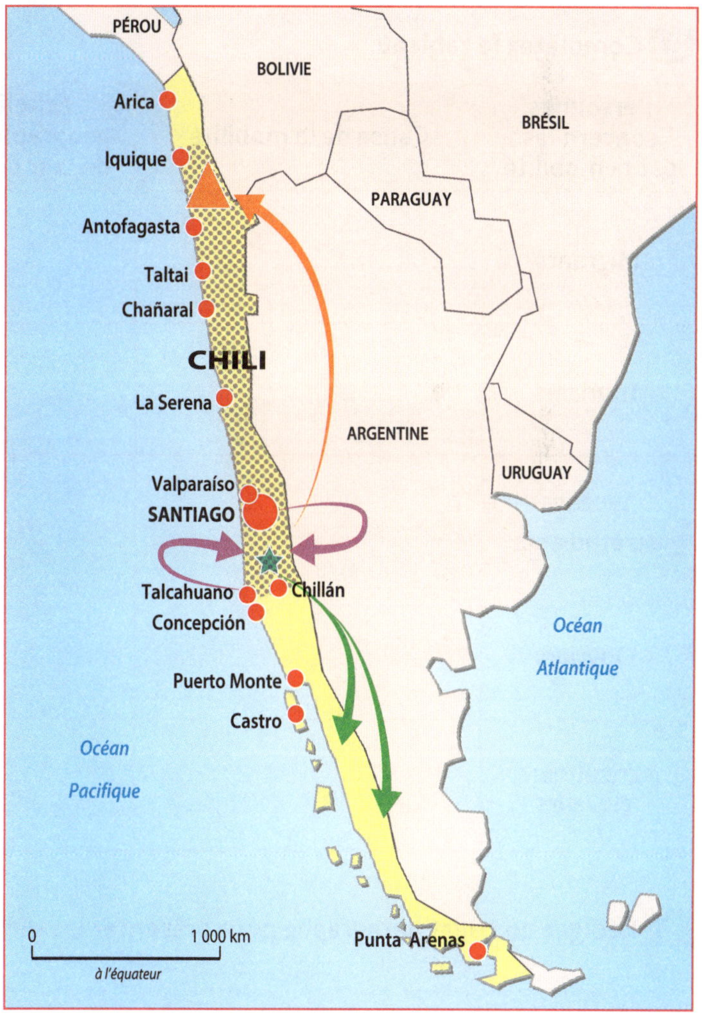

Activité finale

Recherchez sur Internet une migration liée au changement climatique dans une autre région du monde. Décrivez-la en quelques lignes.

Fil Rouge

Notez sur le fond de carte page 73 une zone de départ de migrations forcées et un exemple d'atteinte à l'environnement.

Chapitre 1

Des mobilités humaines diverses et croissantes

JE M'AUTO-ÉVALUE

1 Reliez la notion à sa définition.

touriste •	• zone d'arrivées massives de touristes
mobilité quotidienne •	• personne contrainte de quitter une zone où les conditions naturelles se sont détériorées
déplacé climatique •	• personne qui quitte son pays pour améliorer ses conditions de vie
migrant économique •	• déplacement régulier à l'échelle locale surtout pour le travail, les études
bassin touristique •	• personne qui quitte son domicile plus de trois jours pour le loisir

2 Complétez le tableau.

Personnes concernées par la mobilité	Cause de la mobilité	Échelle géographique de la mobilité	Moyens de transport utilisé	Conséquences de la mobilité
Migrants	....	....	....	....
Touristes	....	....	....	....
Lycéens ou étudiants	....	....	....	....
Ouvriers	....	....	....	....
Agriculteurs, éleveurs	....	....	....	....

3 Rédigez un court paragraphe pour présenter les différentes mobilités.

....

....

....

....

+ Document
La carte globe-trotteurs
www.lienmini.fr/40175-11

Affiche illustrant la loi Mobilités du 24 décembre 2019

Cette loi concerne surtout la mobilité quotidienne et la réduction de l'impact environnemental des mobilités.
Elle favorise notamment l'autopartage, le covoiturage ou le transport à la demande dans les territoires moins dotés en transports en commun.

Ministère de la Transition écologique et solidaire, 2019.

Pour entrer dans la démarche, je formule une hypothèse

Selon vous, quel est le sujet du document ?

....

....

J'analyse le document en 4 étapes

ÉTAPE 1 Je relève des informations

1. Recopiez les éléments de présentation du document : nature, auteur, date de production, source.

....

2. Classez dans le tableau les moyens de transport et les types de mobilités représentés sur l'affiche.

Moyens de transport	Flux	Types de mobilité
....	....	....
....	....	....
....	....	....
....	....	....

ÉTAPE 2 J'analyse le document en faisant des liens avec ce que je sais

3. Quels territoires représentés sur l'affiche sont concernés par cette loi ? ....

....

4. Quelles solutions sont envisagées par la loi en matière de transports ? ....

....

ÉTAPE 3 Je comprends le document

5. Pourquoi avoir fait une loi sur les mobilités ? ....

....

....

6. Selon vous, est-ce que l'affiche représente bien ces objectifs de la loi ? ....

....

ÉTAPE 4 Ce que je sais maintenant

7. Quel lien pouvez-vous faire entre cette affiche et le titre du chapitre ? ....

....

....

Révolution des transports et perception du monde

CAPACITÉ Décrire une situation géographique

Le développement des transports de données numériques

PARCOURS VERT

Les entreprises qui possèdent des données, les gouvernements et les sites Internet utilisent des « data centers ». Ces centres de données sont des lieux où sont regroupées des installations informatiques (serveurs, routeurs, disques durs...) chargées de stocker et de distribuer les données à travers un réseau interne ou via Internet. Il en existe aujourd'hui plus de 4 600 répartis dans 125 pays.

DOC. 1 Les câbles sous-marins de Google

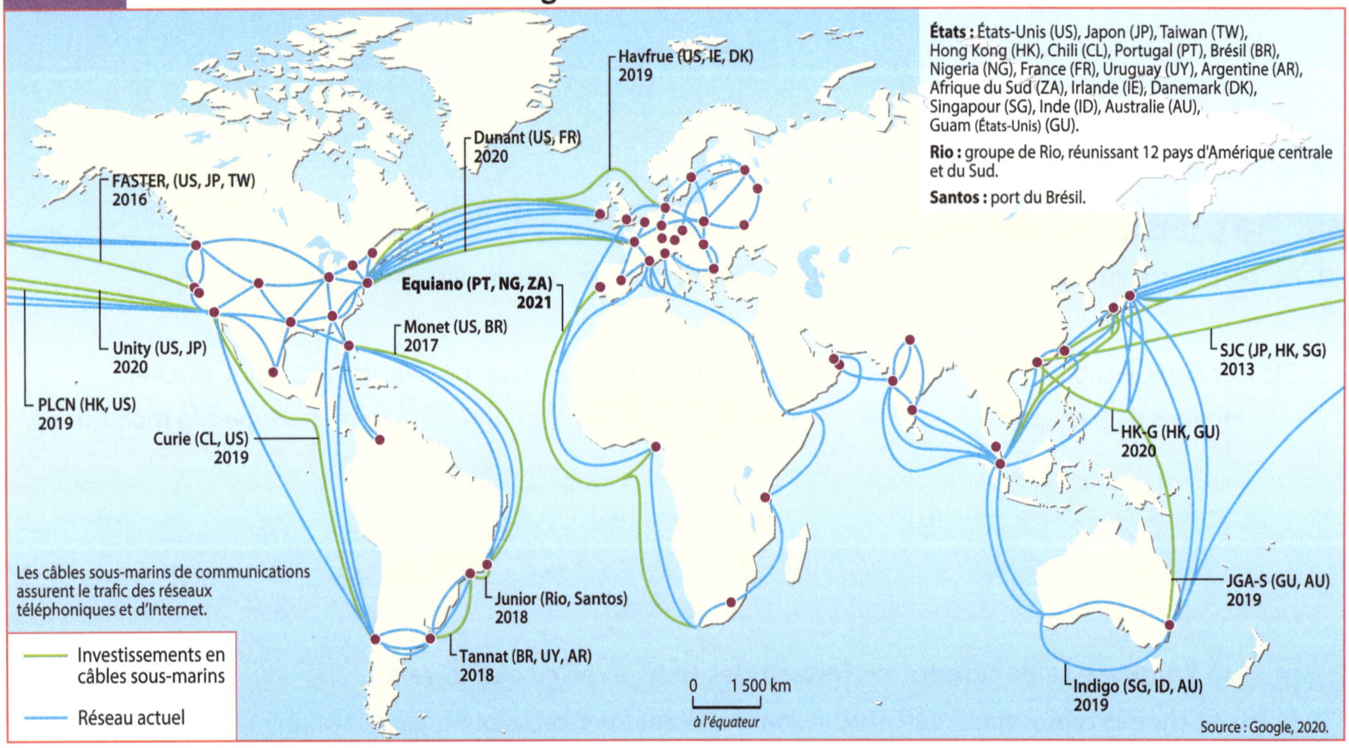

1 DOC. 1 **Quel est le sujet de ce document ?** ....

....

2 DOC. 1 **Entourez sur la carte les régions du monde les plus connectées.**

Donnez leur nom. ....

Comment expliquez-vous cette répartition ?

....

....

....

....

3 DOC. 1 **Pourquoi, selon vous, l'entreprise Google développe-t-elle ces réseaux numériques ?**

....

....

Le saviez-vous ?

La France dispose d'un réseau très fourni de 156 data centers. La plupart d'entre eux sont situés dans la périphérie des villes : Paris, Lille, Marseille, Bordeaux, Toulouse, mais aussi Ajaccio ou Besançon.

DOC. 2 Le développement des data centers et leur impact sur l'environnement

Le data center de Google dans l'Oklahoma (États-Unis).

Les technologies telles que l'Internet des objets, le Cloud, les smartphones ou l'intelligence artificielle ont provoqué l'explosion du volume de données générées par l'humanité. […]

D'ici 2030, les data centers du monde entier pourraient engloutir 10 % de la production mondiale d'électricité contre déjà 3 % à l'heure actuelle.

Pour empêcher la surchauffe des serveurs d'un data center, la solution la plus simple consiste à utiliser un système de refroidissement. Cependant, une alternative plus écologique consiste à construire ces centres de données dans des pays où le climat est naturellement froid. En 2009, Google a fait le choix d'ouvrir un centre à Hamina, en Finlande. […]

L'opérateur de data centers norvégien DigiPlex a promis d'utiliser le gâchis de chaleur de son centre situé à Ulven, Oslo, pour chauffer 5 000 appartements. En France, des initiatives similaires sont lancées par les bailleurs sociaux Paris Habitat et Gironde Habitat qui ont noué des partenariats avec des data centers pour chauffer des HLM grâce à la chaleur qu'ils produisent. […]

Plusieurs entreprises cherchent à utiliser des énergies renouvelables telles que le vent, l'eau et le soleil pour alimenter les centres de données. […] Apple, par exemple, possède la plus grande installation solaire privée et a presque réussi à atteindre 100 % d'alimentation à l'énergie renouvelable pour ses data centers. De même, le centre de Facebook dans l'Iowa repose sur l'énergie éolienne. De leur côté, Amazon Web Services et Microsoft ont dépassé les 50 % d'énergie renouvelable pour leurs infrastructures respectives en 2018. Tous deux promettent d'atteindre l'objectif de 100 % le plus rapidement possible. […]

L. Bastien, « Comment réduire l'impact des data centers sur l'environnement », www.lebigdata.fr, 31 janvier 2020.

4 DOC. 2 **Quels problèmes posent les data centers ?** ....

....

....

5 DOC. 2 **Soulignez dans le texte les solutions envisagées.**

+ Document
L'impact environnemental des flux d'informations
www.lienmini.fr/40175-12

Activité finale

À l'aide des documents 1 et 2, complétez le tableau.

Domaine	Quels sont les objectifs des data centers ?	Quelles sont les solutions envisagées ?
Technologique	....	....
Économique	....	....
Environnemental	....	....

Fil Rouge

Placez sur le fond de carte page 73 deux data centers et dessinez un câble sous-marin intercontinental.

Révolution des transports et perception du monde

CAPACITÉ Décrire une situation géographique

Les grands aéroports

PARCOURS BLEU

DHL est une société de logistique allemande leader mondial dans le transport et la distribution de colis (1,5 million de colis par an dans 122 pays). Elle utilise pour le transport des plateformes multimodales (ou hubs).

DOC. 1 La plateforme multimodale de DHL à Leipzig (Allemagne)

1 DOC. 1 Placez sur la grande photographie les numéros correspondant aux activités montrées sur les vignettes ci-dessous.

① Quai de transbordement vers le réseau routier

② Transbordement des « box » (mini-conteneurs) dans les avions-cargos

③ Chargement des box en fonction des destinations

④ Contrôle par scan des destinations de chaque colis

2 **DOC. 1 En quelques lignes, décrivez le fonctionnement d'un hub comme celui de DHL à Leipzig.**

....

....

....

....

3 **Définissez la notion « plateforme multimodale » en utilisant les termes suivants :**

un réseau local • un réseau mondial • espace aménagé • plusieurs moyens de transport (avions, trains, camions) • le cheminement de colis.

Plateforme multimodale : .... destiné à améliorer ....

.... regroupant ....

et qui connecte .... et ....

Activité finale

Une grande entreprise mondiale veut installer dans votre commune une plateforme multimodale ou un data center relié à New York. Le maire, une association de défense de l'environnement et le responsable d'une start-up locale éditent chacun une affiche pour soutenir ou pour combattre ce projet.
Choisissez l'un de ces rôles et concevez une affiche pour défendre votre point de vue.

Je choisis un rôle

☐ Le/La maire

☐ L'association de défense de l'environnement

☐ Le directeur/La directrice d'une start-up locale

ÉTAPE 1 Je formule mon opinion en une phrase

Je suis pour / Je suis contre ....

....

....

ÉTAPE 2 Je fais la liste de mes arguments

....

....

....

....

....

....

....

....

ÉTAPE 3 Je crée mon affiche

Dessinez et écrivez dans le cadre ci-contre.

Fil Rouge **Positionnez sur le fond de carte page 73 le hub de DHL : un grand aéroport européen (plateforme multimodale).**

Révolution des transports et perception du monde

CAPACITÉ Reconstituer le trajet d'un produit électronique envoyé sous forme de colis par un grand opérateur de vente en ligne entre le lieu d'assemblage du produit, son stockage en entrepôt et sa livraison au domicile de l'élève

Alibaba : une entreprise de e-commerce qui connecte les territoires

Le groupe Alibaba, créé en 1999 pour la clientèle chinoise, est aujourd'hui la plus grande plateforme de commerce du monde. Les réseaux de communications ont accéléré sa croissance. En 2019, Alibaba sert 654 millions de clients sur tous les continents pour un chiffre d'affaires qui dépasse 50 milliards de dollars.

DOC. 1 L'ouverture d'un premier magasin en Europe

La boutique AliExpress de Madrid, en 2019.

Aliexpress.com est un site de commerce en ligne du Groupe Alibaba spécialisé dans la vente de produits à prix bas, aux particuliers et à l'international. [...] Si les smartphones ont la part belle, avec Huawei et Xiaomi, le magasin élargit la gamme avec des bracelets connectés, des trottinettes, des drones, des robots aspirateurs ou encore des cafetières, ainsi qu'une zone consacrée aux jeux vidéo, où les « gamers » peuvent venir tester les nouveautés. Il s'agit pour le site marchand d'exposer un échantillon de sa meilleure offre en matière de nouveautés électroniques et d'innovations grand public, en utilisant le magasin comme une interface. Pour permettre à ses acheteurs habituels de juger les produits sur pièces mais aussi pour attirer de nouveaux clients vers l'éventail d'offres considérablement plus large du site.

Cette ouverture à Madrid fait office de ballon-sonde pour tester le marché européen, mais sans date d'ouverture pour d'autres magasins pour l'instant, selon Ruben Bautista, l'un des responsables d'opérations d'AliExpress en Espagne. « Nous allons d'abord voir comment fonctionne le modèle à Madrid avant de décider », explique-t-il.

Cécile Thibaud, « AliExpress ouvre son premier magasin européen à Madrid », publié sur le site des *Échos* (journal économique), 27 août 2019. D.R.

1 DOC. 1 **Relevez les types de produits de consommation proposés par Alibaba dans sa boutique.**

....

....

....

....

2 DOC. 1 **Pourquoi Alibaba a-t-il ouvert une boutique à Madrid ?**

....

....

....

....

....

3 DOC. 1 **Pourquoi cette stratégie d'Alibaba peut-elle sembler originale ?**

....

....

....

....

....

4 DOC. 1 **Que pensez-vous de l'ouverture de ce magasin par une entreprise chinoise de commerce en ligne ?**

....

....

....

....

....

DOC. 2 Les liaisons et modes de transport d'Alibaba entre la Chine et l'Europe

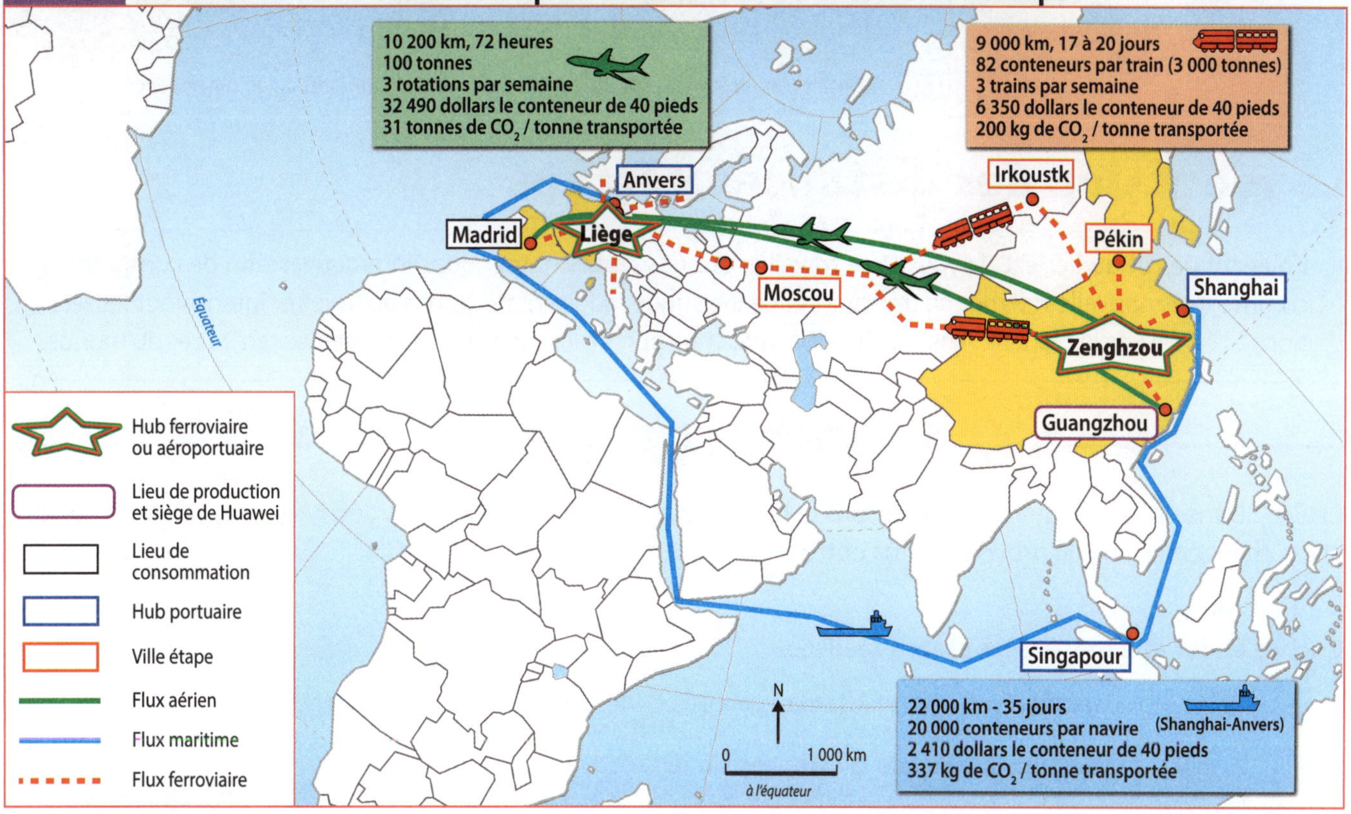

Activité finale

Complétez le schéma ci-dessous pour reconstituer le trajet de votre smartphone.

J'habite à .... et je commande un smartphone sur le site d'un grand commerçant en ligne (e-commerce), Alibaba.

Inscrivez dans les cadres « Mots clés » l'une des expressions suivantes :

hub (ou plateforme de transbordement) • zone de production • flux (aérien ou maritime ou ferroviaire ou routier).

Départ : Je change de smartphone

Pourquoi ai-je commandé en ligne ? ....

Quel délai de livraison je choisis ? ....

Mon smartphone est assemblé à : ....
Mot clé : ....

Le mode de transport le plus adapté à mes délais est : ....
Mot clé : ....

Mon smartphone est expédié depuis : ....
Mot clé : ....

Où arrive-t-il en Europe ? ....
Mot clé : ....

Comment est-il livré jusque chez moi ? ....
Mot clé : ....

Mon smartphone a parcouru .... **km**

Quels sont les avantages de l'e-commerce ? ....
les inconvénients ? ....

Quel est l'impact de mon achat sur l'environnement ? ....

Arrivée : Je déballe puis j'utilise mon nouveau smartphone.

Placez dans la légende ci-dessous les notions : Transports ; Mobilités.

....
Lieux de production /de consommation
....

Fil Rouge **Retracez sur le fond de carte page 73 le trajet que vous avez retenu pour le parcours de votre colis. Placez aussi le lieu d'assemblage de votre smartphone.**

Chapitre 2

Révolution des transports et perception du monde

CAPACITÉ Identifier les réseaux de transports sur des cartes satellitaires ou en temps réel

La réduction des distances perçues

L'objectif de cet atelier est de vous faire travailler sur des cartes numériques interactives afin de comprendre comment les nouvelles formes de transport et de logistique réduisent les temps de trajet et intensifient les relations à l'échelle de la planète. Ainsi, la révolution des transports rapproche les espaces et les territoires du monde.

ATELIER DE GÉOGRAPHIE

Projet : Dans un article qui sera publié dans le blog de votre établissement, vous décrivez un type de transport et les changements qu'il provoque dans notre façon de voir le monde.

Démarche

Cochez au fur et à mesure les étapes réalisées.

☐ **Étape 1** Choisissez un réseau parmi les trois proposés ci-dessous (aérien, satellitaire, Internet).

☐ **Étape 2** Accédez au site Internet de la carte choisie : **DOC. 1**, **2** ou **3**.

☐ **Étape 3** Présentez ce site Internet : Quel est le sujet ? D'où viennent les données, comment sont-elles présentées ? À quoi sert ce site ?

....

....

....

☐ **Étape 4** Identifiez les zones géographiques où le trafic est le plus dense.

....

....

☐ **Étape 5** Cliquez sur l'un des objets (avion, satellite ou pays mentionné) et relevez les informations qui vous semblent importantes.

....

....

☐ **Étape 6** Apportez des arguments à cette phrase : « Le trafic (aérien / satellite / de flux informatiques) réduit les distances perçues. »

....

....

DOC. 1 Carte de la position des satellites civils en temps réel

+ Carte interactive
Carte des satellites civils en temps réel sur le site de Satmap.space

AIDE À LA NAVIGATION SUR LE SITE INTERNET DE SATMAP.SPACE

- Zoom pour passer de l'échelle mondiale à l'échelle locale et inversement : touches + - ou la molette de la souris. **Attention** : ne dézoomez pas trop.
- Cliquez sur la touche « Menu » en haut à gauche afin d'avoir accès aux types de satellites qui vous intéressent : « Communication » ou « Navigation ».
- Cliquez sur un satellite : le nom s'affiche en haut à droite. Vous pouvez le copier/coller dans un moteur de recherche pour obtenir des informations supplémentaires (nationalité, constructeur...).

DOC. 2 Carte des empreintes radar des avions civils en temps réel

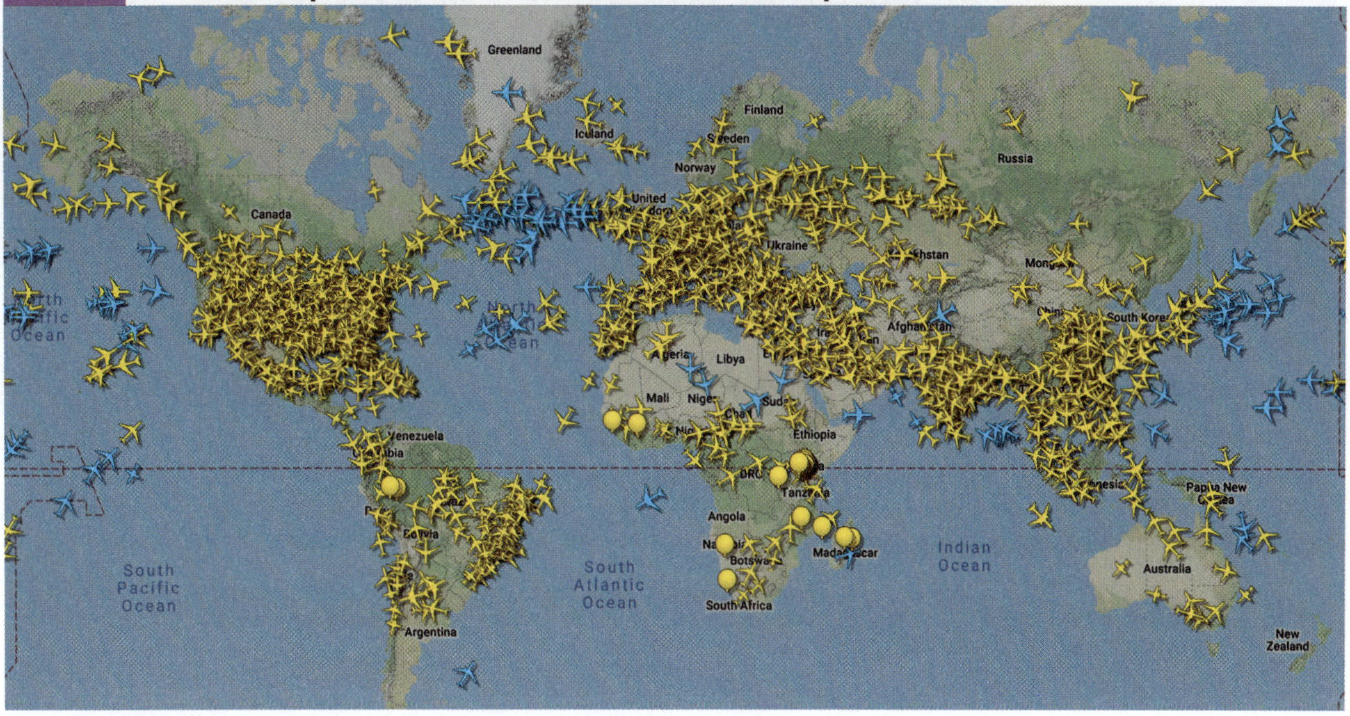

AIDE À LA NAVIGATION SUR LE SITE INTERNET DE FLIGHTRADAR24

- Zoom pour passer de l'échelle mondiale à l'échelle locale et inversement : touches +/ - ou la molette de la souris.

Attention : ne dézoomez pas trop pour éviter d'avoir plusieurs fois le même continent.

- Cliquez sur un avion (les plus gros sont des long-courriers) ; les informations du vol s'affichent à gauche de l'écran.

DOC. 3 Carte des alertes d'attaques virales en temps réel

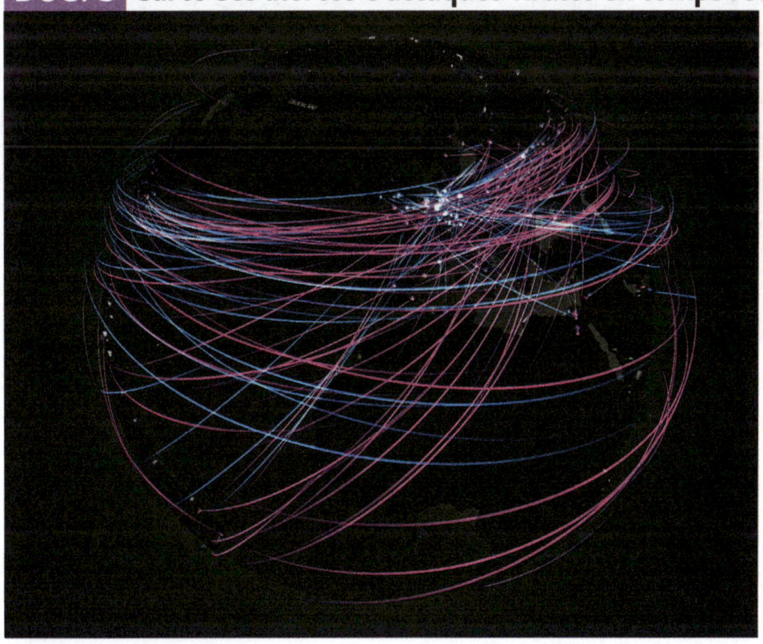

AIDE À LA NAVIGATION SUR LE SITE INTERNET DE CYBERMAP.KASPERSKY (VERSION EN FRANÇAIS)

- Zoom pour passer de l'échelle mondiale à l'échelle locale et inversement : touches + - ou la molette de la souris.
- Pour zoomer, cliquez sur un pays.
- Pour plus d'informations, cliquez en haut à gauche sur « Statistiques » ou « Sources de données », puis parcourez les deux pages.
- Trouvez cette icône ⦿. Qu'indique-t-elle ?

....

....

....

Source : Kaspersky, entreprise internationale de cybersécurité, 2020.

Activité finale

Choisissez la forme qui vous convient pour publier votre étude sur le blog du lycée : carte, dessin, schéma, texte, article de presse, image commentée, diaporama.

Fil Rouge **Tracez sur le fond de carte page 73 la route empruntée par l'objet que vous avez choisi (avion civil, satellite civil ou attaque virale).**

Chapitre 2 Révolution des transports et perception du monde

JE M'AUTO-ÉVALUE

1 Complétez le croquis d'un aménagement pour décrire une situation géographique.

a. Replacez les éléments suivants sur le croquis :

① Réseau de transport local (route)
② Trains de marchandises
③ Réseau de transport intercontinental (ferroviaire)
④ Zone de stockage de marchandises
⑤ Stockage de conteneurs
⑥ Bureaux
⑦ Grues de transbordement
⑧ Camions

b. Complétez le titre du document.

La gare de marchandises de Zhenghzou en Chine, une .... mondiale

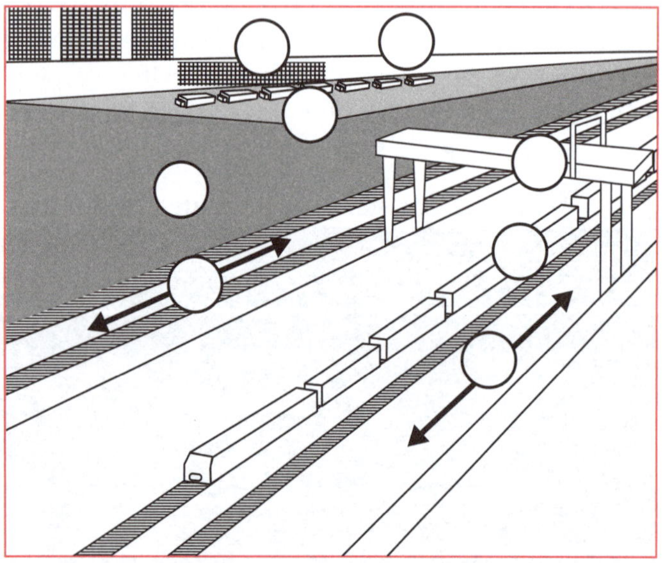

2 Choisissez parmi les 3 cartes en ligne représentant les réseaux de transports en France celle qui illustre le mieux le titre du chapitre : « Révolution des transports et perception du monde ». Puis justifiez votre choix en trois points.

Cartes accessibles via le lienmini :

Ⓐ Carte des temps de trajet en TGV depuis Paris
Ⓑ Carte des dessertes françaises de la compagnie aérienne HOP (Air France)
Ⓒ Carte des aires de covoiturage publiée sur le site de Blablacar.

+ Cartes
Les cartes des réseaux de transport
www.lienmini.fr/40175-13

Votre choix : La carte intitulée ....

illustre le mieux « Révolution des transports et perception du monde » car

– ....

– ....

– ....

Vers le CAP

Le volume mensuel de visites sur le site Amazon en avril 2019

Source : SEMrush (service d'hébergement de logiciels pour les entreprises), 2019.

Pour entrer dans la démarche, je formule une hypothèse

Quel est le sujet du document ? ....

....

J'analyse le document en 4 étapes

ÉTAPE 1 Je relève des informations

1. Recopiez les éléments de présentation du document : nature, auteur, date de production.

....

....

2. Quelles sont les 3 types d'informations figurant sur les vignettes ? ....

....

ÉTAPE 2 J'analyse le document en faisant des liens avec ce que je sais

3. Complétez le tableau suivant.

Pays ou continents concentrant le plus de visites sur les sites Amazon	Explications
....	....
....	....
....	....
....	....

Pays ou continents concentrant le moins de visites sur les sites Amazon	Explications
....	....
....	....
....	....

ÉTAPE 3 Je comprends le document

4. Quels types de flux crée Amazon ? ....

....

5. D'après vous, quelles informations manque-t-il sur ce document ? ....

....

ÉTAPE 4 Ce que je sais maintenant

6. Quels liens faites-vous entre les notions abordées dans ce chapitre et ce document ? ....

....

....

Chapitre 3 Les lieux stratégiques du transport international

CAPACITÉ Identifier le réseau des transports sur une image satellitaire

Les espaces maritimes au cœur de la mondialisation

La mondialisation a multiplié les flux de marchandises à travers le monde. Ces flux s'articulent autour de points de passage stratégiques terrestres, aériens (plateformes multimodales) ou maritimes (hubs portuaires mondiaux, détroits, canaux artificiels transocéaniques). Aujourd'hui 80 % du transport mondial de marchandises se fait par voie maritime.

ATELIER DE GÉOGRAPHIE

1 Consultez le site Internet de Vesselfinder (version en français).

+ Tutoriel
Comment utiliser le site VesselFinder
www.lienmini.fr/40175-14

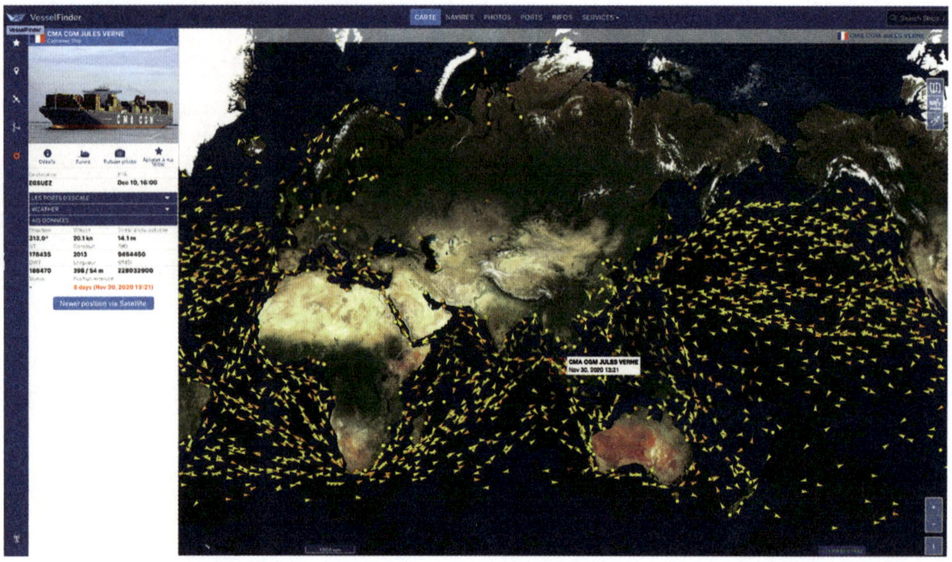

2 DOC. 1 Sur le fond de carte ci-dessous, tracez en bleu les principales routes maritimes.

3 DOC. 1 Inscrivez dans les encadrés les noms des points de passage stratégiques manquants : 2 détroits et 2 canaux transocéaniques.

4 DOC. 1 Indiquez sur la carte le nom des principaux ports mondiaux identifiés par un point bleu.

DOC. 1 Les principales routes maritimes et lieux stratégiques

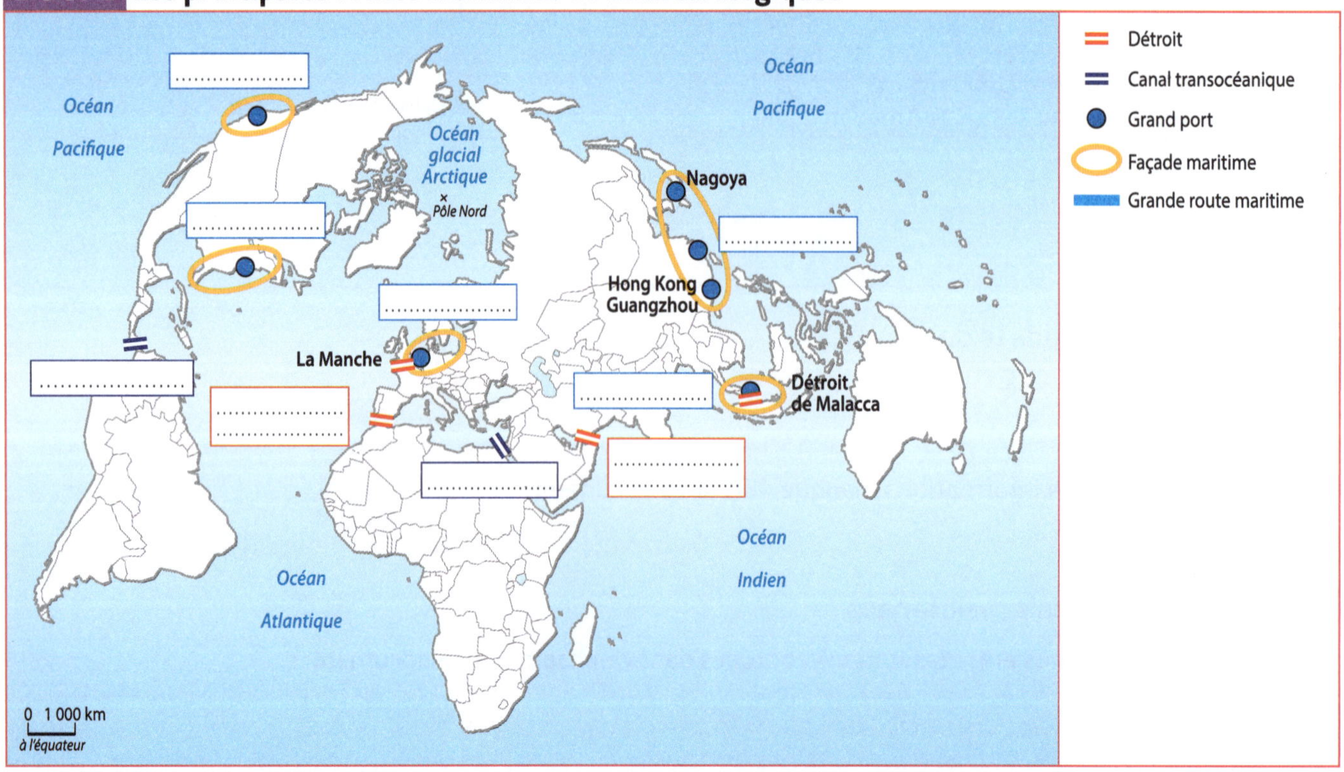

Le port de Singapour, 2017, avec la ville en arrière-plan.

DOC. 2 Les ports à conteneurs en Asie du Sud-Est

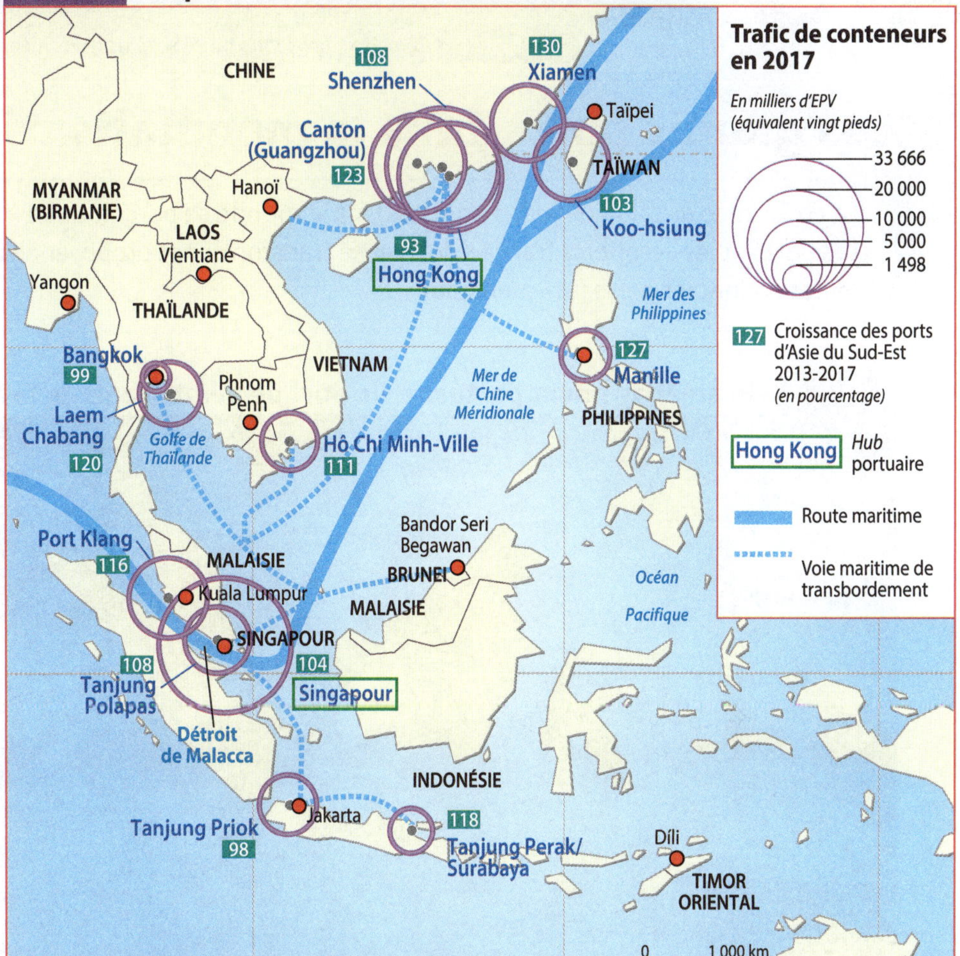

Source : *Carto*, n° 58, mars-avril 2020, © Éditions Autrement.

+ Document
La piraterie moderne
www.lienmini.fr/40175-15

Le saviez-vous ?

Le transport maritime, c'est **9 milliards de tonnes** de biens manufacturés, d'hydrocarbures, de matières premières minérales et agricoles.

5 DOC. 2 Retrouvez sur le site Internet de VesselFinder la zone de l'image satellitaire correspondant à la carte ci-dessus.

6 DOC. 2 Sur la carte, hachurez en rouge le détroit de Malacca.

7 DOC. 2 Relevez puis classez les États en fonction de l'importance de leur trafic maritime par conteneurs.

....

....

Activité finale

Entourez sur la carte ci-dessus (DOC. 2) les deux zones qui vous semblent les plus stratégiques pour le trafic maritime de conteneurs.

Justifiez votre choix en quelques mots. Aidez-vous des informations données dans la légende.

....

....

....

Fil Rouge

Placez sur le fond de carte page 73 les principaux canaux et détroits, deux grandes routes maritimes et deux grands ports à conteneurs d'Asie du Sud-Est.

Chapitre 3

Les lieux stratégiques du transport international

CAPACITÉ Compléter un croquis ou un schéma d'un aménagement de proximité (port)

Les grands ports dans la mondialisation

La croissance des flux de marchandises dans le monde se perçoit aussi à l'échelle de la France. Les ports et les aéroports français doivent se transformer et proposer des aménagements pour rester connectés à ces flux mondiaux.

DOC. 1 Un aménagement portuaire : le port de Saint-Denis de la Réunion

PARCOURS VERT

Photographie aérienne, 2019.

1 DOC. 1 **Complétez la légende du schéma avec les éléments suivants.**

Zone urbanisée (ville) • Lieu de contrôles (douanes, embarquement) • Terminal vrac et zones industrielles • Voies de communication, parc véhicules • Zones de transbordement (chargement) • Navire de croisière • Terminal à conteneurs • Terminal de croisière/Parkings passagers • Zone d'extension du port • Porte-conteneurs.

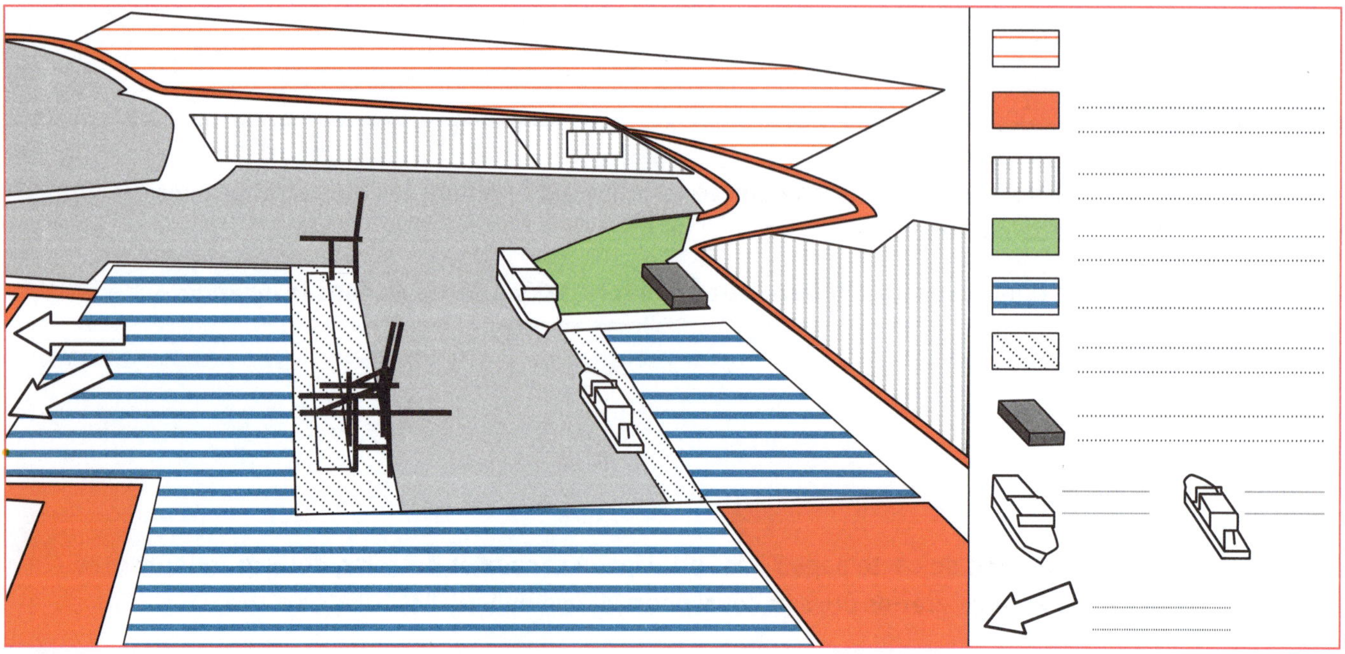

PARCOURS BLEU

DOC. 2 L'arrière-pays desservi par le port du Havre

HAROPA est le nom donné à l'association des 3 terminaux portuaires sur la Seine : Le HAvre, ROuen, et PAris.

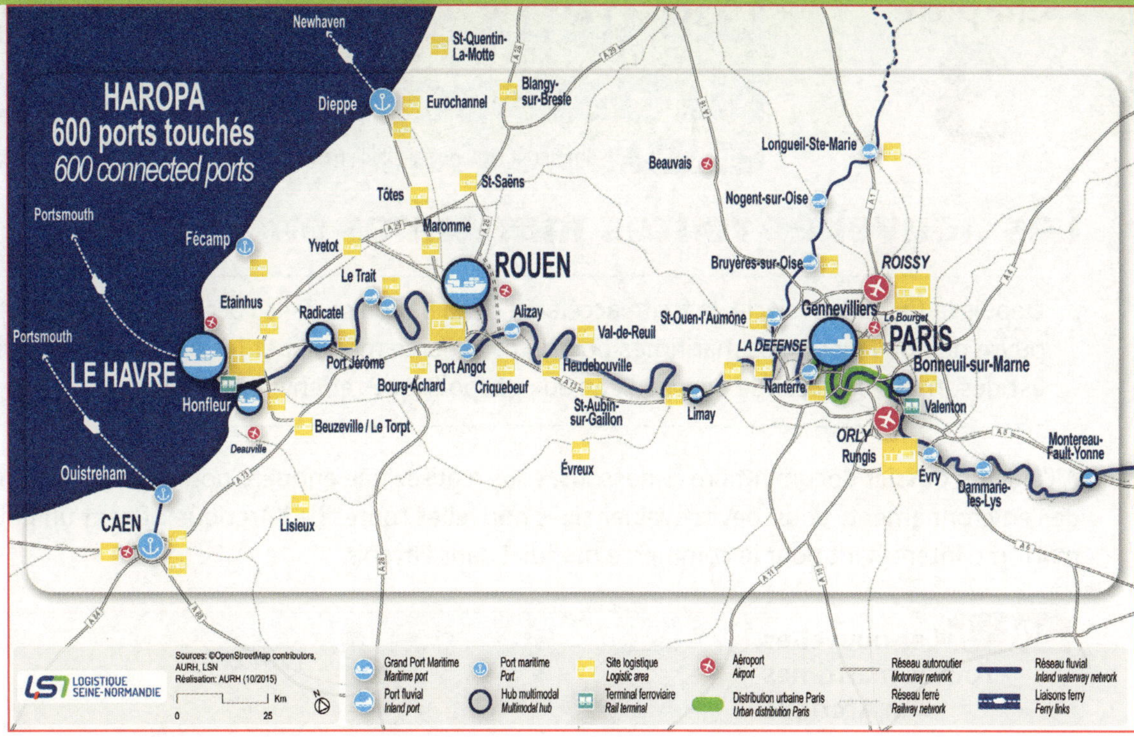

Carte de l'hinterland du port du Havre, site de l'association Logistique Seine-Normandie, 2019.

2 DOC. 2 **Complétez le schéma de l'aménagement d'un hinterland portuaire ci-dessous à l'aide de la légende.**

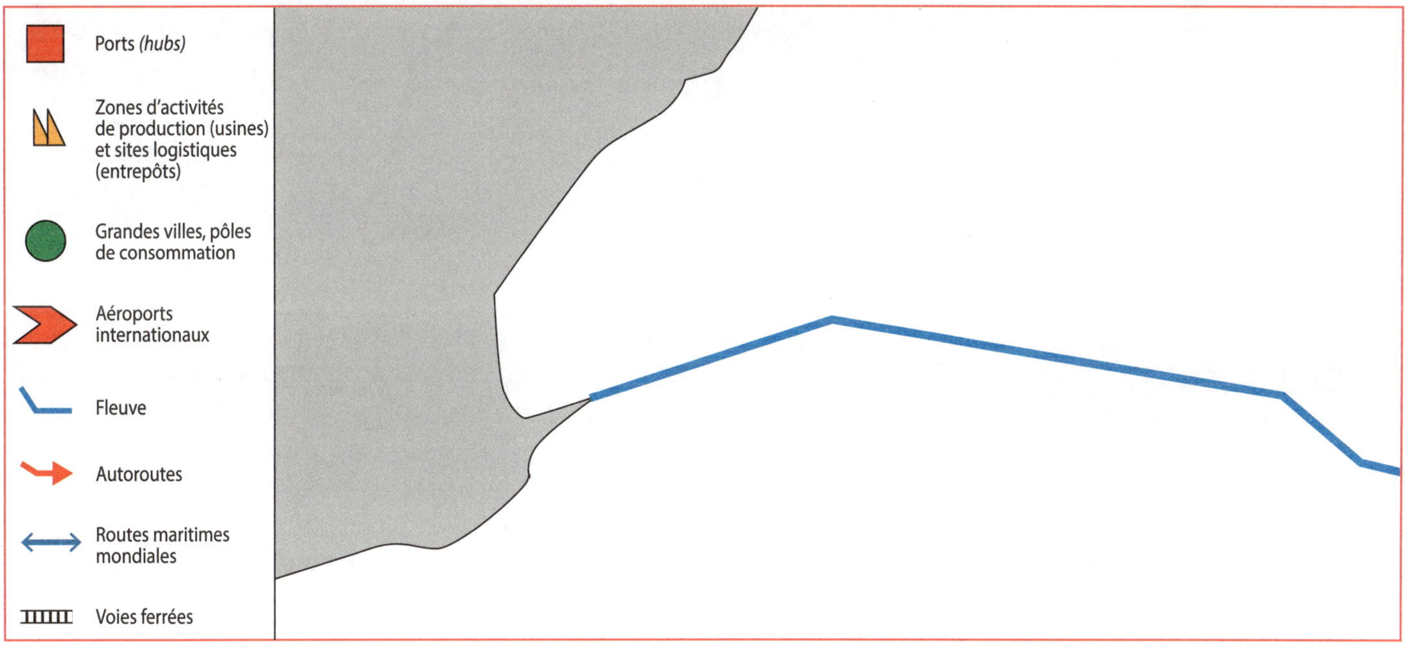

Le saviez-vous ?

En géographie, la zone desservie par un port se nomme **hinterland**, ce qui veut dire « arrière-pays » en allemand.

Activité finale

Imaginez un port de demain qui soit à la fois un port de rang mondial, un port connecté à sa ville et connecté à l'intérieur du pays, un port qui abrite des entreprises innovantes et qui respecte l'environnement.

+ Activité
Imaginez le port de demain !
www.lienmini.fr/40175-16

Fil Rouge

Placez sur le fond de carte page 73 le port de Saint-Denis de la Réunion.

Chapitre 3 Les lieux stratégiques du transport international

CAPACITÉ Nommer et situer les lieux de passage stratégiques des flux de marchandises maritimes

Les nouvelles routes maritimes en Arctique

Depuis la fin du XXe siècle, la fonte accélérée de la banquise dans l'océan Glacial Arctique durant l'été ouvre de nouvelles voies maritimes pour le commerce mondial et les bateaux de croisière. L'Arctique est désormais au cœur de nouveaux enjeux géopolitiques et environnementaux.

À l'aide du dossier documentaire ci-dessous, vous réalisez une enquête pour une ONG pour la protection de l'environnement. Vous devez évaluer si les nouvelles routes de l'Arctique offrent un nouveau passage maritime intéressant pour le commerce mondial dans l'avenir.

DOC. 1 Les nouvelles routes maritimes en Arctique

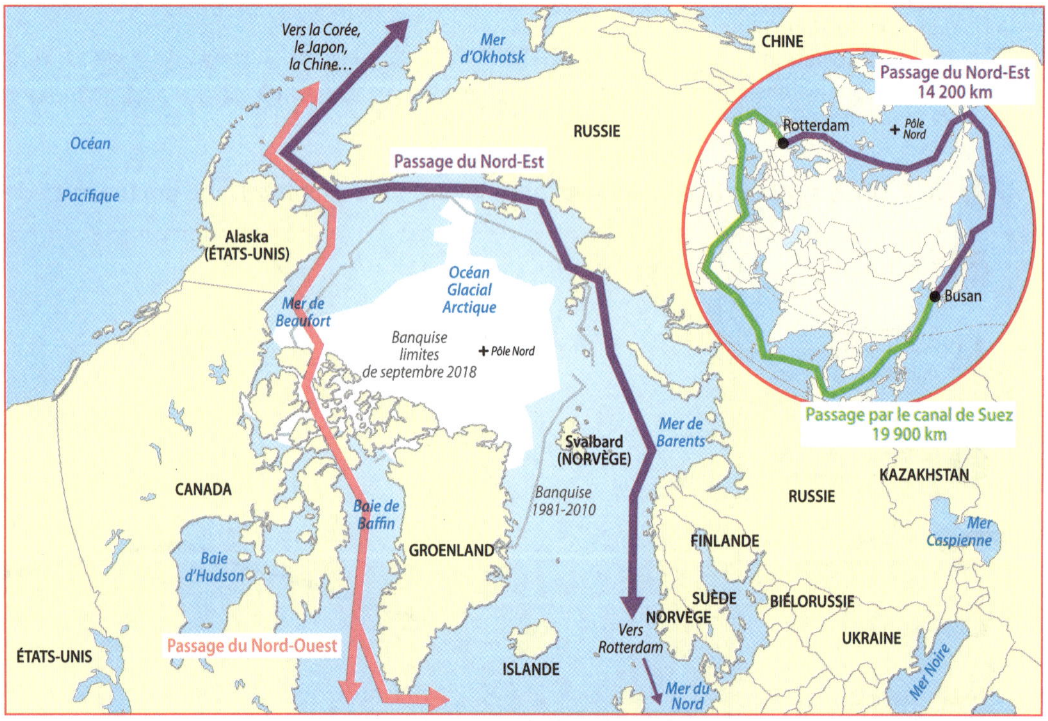

+ Podcast
« Passage de l'Arctique, la ruée vers l'abîme »
www.lienmini.fr/40175-17

DOC. 2 Le brise-glace russe *Krassine* (FESCO) ouvrant la route à un porte-conteneurs en Arctique

DOC. 3 Le trafic de navires de croisière en Arctique

Le Groenland appartient au Danemark et le Svalbard à la Norvège. Il n'y a pas de données pour le Groenland avant 2006 ni pour le Svalbard à partir de 2015.

Source : Pauline Pic, « Les mondes arctiques, espaces, milieux, sociétés, naviguer en Arctique », site Géoconfluences, ENS Lyon, 14 février 2020.

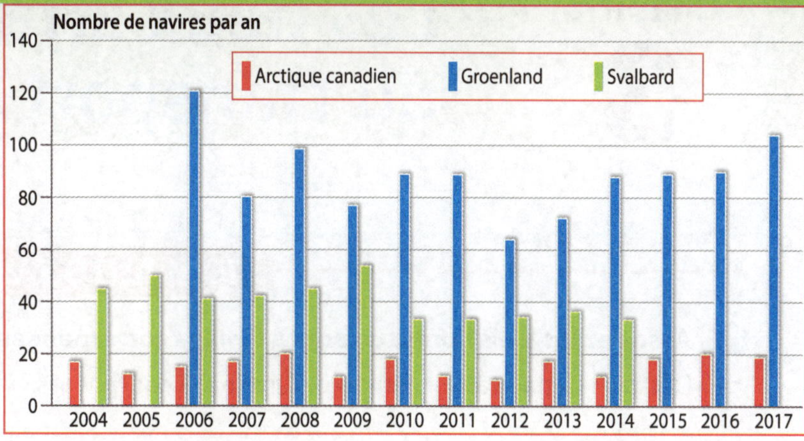

DOC. 4 La flotte CMA CGM n'empruntera pas les routes du Nord

La route maritime du Nord, qui longe les côtes polaires russes et permet de relier l'Asie à l'Europe, est aujourd'hui rendue navigable par les effets du réchauffement climatique et la fonte des glaces. Riche d'une biodiversité unique et encore méconnue, l'Arctique est indispensable à la régulation des courants et du climat mondial. Son utilisation massive présenterait un réel danger pour les écosystèmes naturels exceptionnels de cette partie du globe du fait notamment des risques d'accidents et de pollution aux hydrocarbures ou encore de collision avec les cétacés.

Afin de ne pas mettre davantage en péril cet environnement fragile, Rodolphe Saadé, président directeur général du groupe CMA CGM, a décidé qu'aucun des 500 navires du groupe CMA CGM n'emprunterait la route du Nord.

Article publié sur le site du groupe de transport et de logistique CMA CGM, 23 août 2019.

Je mène l'enquête

Hypothèse de départ : Les routes maritimes de l'Arctique sont de plus en plus vastes du fait de la fonte des glaces due au réchauffement climatique. Est-ce que cela va modifier les routes du commerce mondial ?

Étape 1. Je précise les **faits** : - De quoi parle-t-on ? - Quels espaces et quels pays sont concernés ? - Quelles sont les noms des routes ?	....
Étape 2. Quels **types de navires** sont concernés par les nouvelles routes de l'Arctique ?	....
Étape 3. Je relève les **indices** qui me permettent de montrer l'**intérêt de ces nouvelles routes**.	– Doc. 1 : .... – Doc. 3 : ....
Étape 4. Je montre les **limites** de ces nouvelles routes.	– Doc. 2 : .... – Doc. 4 : ....
Étape 5. Je note le **titre** de mon enquête.	....

Conclusion de mon enquête

À l'oral, je réponds à l'hypothèse de départ en m'appuyant sur des arguments.

Fil Rouge Sur le fond de carte page 73, localisez l'Arctique.

Chapitre 3 Les lieux stratégiques du transport international

JE M'AUTO-ÉVALUE

1 **Associez les trois noms suivants à l'image correspondante puis proposez une définition pour chacun.**

Détroit • Canal transocéanique • Terminal à conteneurs.

Photographies	Noms	Définitions
	……………… (port du Havre)	………………
	……………… (Malacca)	………………
	……………… (Panama)	………………

2 **Vrai ou faux ? Cochez la case qui convient.**

Affirmations	VRAI	FAUX
Le détroit de Malacca est la voie maritime la plus empruntée au monde par les porte-conteneurs.		
Le tourisme en Arctique ne se développe plus.		
Saint-Denis de la Réunion est l'un des grands ports français d'outre-mer.		
Hong Kong n'est pas un hub portuaire.		
Le transport maritime assure 30% des échanges mondiaux de marchandises.		

Image satellitaire de l'aéroport Roissy-Charles-de-Gaulle (2019)

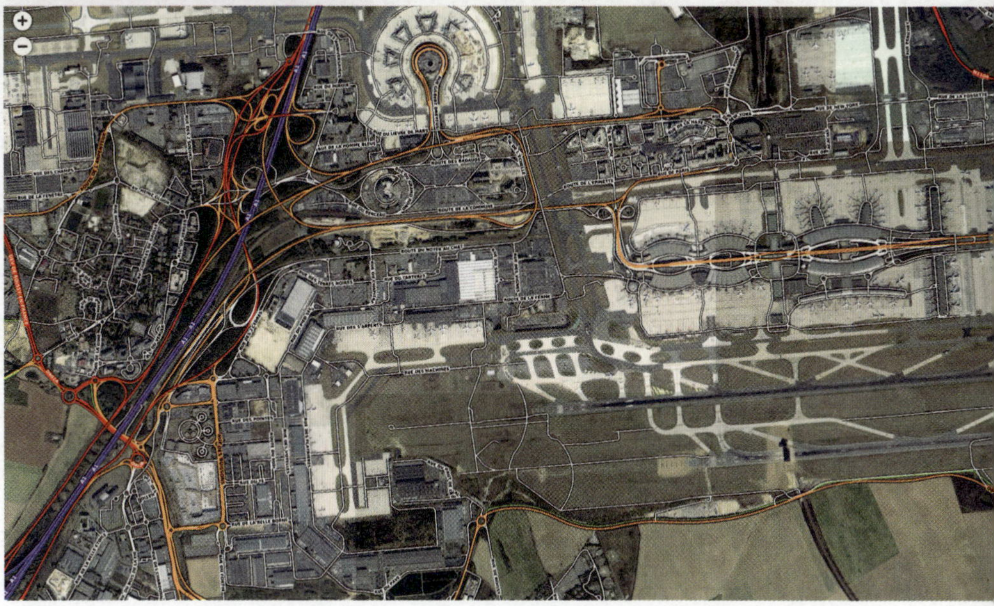

Pour effectuer l'analyse de l'image, allez sur le site Internet de Géoportail et recherchez « Plan », puis « Roissy-en-France »

Pour entrer dans la démarche, je formule une hypothèse

Selon vous, quel est le sujet du document ?

J'analyse le document en 4 étapes

ÉTAPE 1 Je relève des informations

1. Recopiez les éléments de présentation du document : nature, auteur, date de production, source.

2. Surlignez en noir les pistes, en bleu les voies de communication principales (routes, voies ferrées),
entourez en rouge les zones accueillant les passagers,
encadrez en vert les zones de fret (chargement et déchargement des marchandises).

ÉTAPE 2 J'analyse le document en faisant des liens avec ce que je sais

3. Que montre cette image ?

ÉTAPE 3 Je comprends le document

4. Pourquoi a-t-on besoin d'aménager de tels espaces ?

5. Quel est l'intérêt du document ?

ÉTAPE 4 Ce que je sais maintenant

6. Quels liens faites-vous entre les notions abordées dans ce chapitre et l'image proposée ?

THÈME 1 Transports et mobilités

+ Podcast
L'essentiel du thème 1 de géographie
www.lienmini.fr/40175-19

L'essentiel

Des mobilités humaines diverses et croissantes

La circulation des individus est de plus en plus dense à travers le monde. Elle s'effectue à différentes échelles : locale pour les **trajets quotidiens**, régionale ou internationale pour les **migrations** ou les voyages de **tourisme**. Les motifs de **mobilités** sont multiples : travail, études, loisirs, conflits, changement climatique, migrations économiques. Ces déplacements ont des **conséquences** notamment **environnementales** sur les territoires et les humains.

Révolution des transports et perception du monde

De nos jours, les **échanges de marchandises**, de services, de **données numériques** sont facilités par la **révolution des transports et la révolution numérique**. De nouvelles formes de transport et de logistique (câbles sous-marins transocéaniques, porte-conteneurs géants, **plateformes multimodales**, data centers) accélèrent les échanges commerciaux et réduisent le temps de trajet d'un produit. Cela impacte notre vie quotidienne et nos façons de consommer, à l'image du e-commerce.

Les liens stratégiques du transport international

La mondialisation a multiplié les flux à travers le monde. Ces flux s'articulent autour de **points de passage stratégiques** terrestres, aériens ou maritimes, en particulier les ports ou les hubs. Des aménagements et des infrastructures spécifiques transforment ainsi les espaces et s'adaptent à l'évolution constante du commerce mondial). Près de 80 % des marchandises échangées dans le monde le sont par **voie maritime**, notamment en Asie du Sud-Est.

NOTIONS

Mobilité des individus : déplacement des hommes et des femmes d'un lieu à un autre, de manière choisie ou subie, à toutes les échelles.

Plateforme multimodale (ou hub) : lieu qui assure l'interconnexion et la redistribution, à diverses échelles, entre différents modes de transport.

Révolution des transports : accélération des échanges mondiaux en volume et en temps grâce aux grandes avancées techniques.

Révolution numérique : bouleversement profond des sociétés provoqué par l'essor des techniques numériques telles que l'informatique et le développement du réseau Internet.

REPÈRES

• Les 3 plus grands aéroports mondiaux *(trafic de marchandises)*
- Hong Kong (Chine)
- Memphis (États-Unis)
- Shanghai-Pudong (Chine)

• Les 3 plus grands ports *(trafic de marchandises)*
- Ningbo-Zhoushan (Chine, à 200 km au sud de Shanghai)
- Shanghai (Chine)
- Singapour

• Les 3 plus grands aéroports français *(nombre de passagers)*
- Roissy-Charles-de-Gaullle
- Paris-Orly
- Nice-Côte-d'Azur

• 3 façades maritimes d'importance mondiale
- Façade de l'Asie de l'Est et du Japon
- *Northern Range*, de la mer du Nord à la Manche
- Façade de la côte Est des États-Unis

• Les 3 principaux bassins touristiques *(nombre de touristes/an)*
- Le bassin euro-méditerranéen
- Le bassin Asie orientale-Pacifique
- Le bassin Amérique du Nord-Caraïbes

JE PRÉPARE L'EXAMEN

Mon choix de documents

A

Affiche pour la loi Mobilités

› p. 83

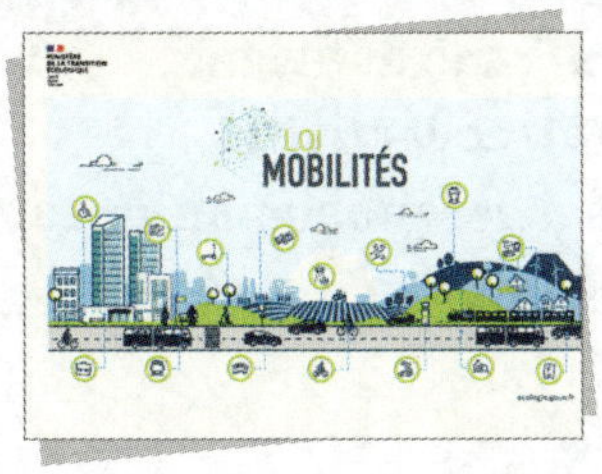

B

Carte Amazon dans le monde

› p. 93

C

Image satellitaire de l'aéroport Roissy-Charles-de-Gaulle

› p. 101

D

....

....

....

Collez ici un document de votre choix (découpé ou photocopié)

Titre et références du document retenu : ....

....

ÉTAPE 1 Je présente le document

- J'indique la nature du document, son auteur, sa date, le lieu concerné. ....

....

- Je précise le sujet du document et son lien avec le thème 1 du programme de géographie. ....

....

ÉTAPE 2 J'analyse le document

- J'identifie les éléments. ....

....

- Je relève les principales informations en faisant le lien avec ce que je sais. ....

....

ÉTAPE 3 Je comprends le document

- Quel est l'intérêt du document ? Quelles sont ses limites éventuelles ? ....

....

....

ÉTAPE 4 Je conclus

- Qu'est-ce que le document m'a permis de comprendre ? ....

....

....

....

....

....

....

....

JE M'AUTO-ÉVALUE

- ☐ Je mobilise des connaissances et replace le document, les événements, les acteurs dans leur contexte.
- ☐ Je donne le sens global du document.
- ☐ Je fais preuve d'esprit critique face au document.
- ☐ J'utilise le vocabulaire de la géographie.
- ☐ Je m'exprime de manière claire, correcte et de façon argumentée.

THÈME 2

Espaces urbains : acteurs et enjeux

En 2019, 8 Français sur 10 résident dans une ville (ou « unité urbaine ») de plus de 2 000 habitants. Si cette population urbaine s'est accrue de 20 % en trente ans, ce n'est pas au profit des grandes métropoles : la majorité des Français vivent dans les villes petites et moyennes. Les différents acteurs (État, collectivités locales et communautés de communes, habitants...) font face à des problématiques nouvelles telles que la désertion des centres-villes, l'extension des communes périurbaines ou les exigences de développement durable.

Je fais le point sur mes connaissances

1 Associez à chacune des villes la dénomination qui lui correspond.

Paris •	• La plus grande ville de Guadeloupe
Strasbourg •	• La plus grande métropole française
Orly •	• Une métropole régionale frontalière
Pointe-à-Pitre •	• Une commune de la banlieue parisienne

2 Ce thème étudie différents espaces urbains qui font partie de votre quotidien ou que vous avez abordés au collège. Comment qualifiez-vous la commune où vous habitez ?

☐ Une grande métropole ☐ Une commune périurbaine ☐ Une ville petite ou moyenne.

J'entre dans le thème

DOC. 1 Une ville française vue par Thomas Pesquet depuis la station spatiale ISS

« Toulouse, une ville pleine de souvenirs pour moi, c'est là que j'ai étudié & travaillé & volé ! »
Message Twitter de Thomas Pesquet, 4 mars 2017.

Thomas Pesquet
@Thom_astro

Toulouse, a city full of memories for me, I've studied (@ISAE_officiel) & worked (@CNES) there, & flown @Airbus planes!

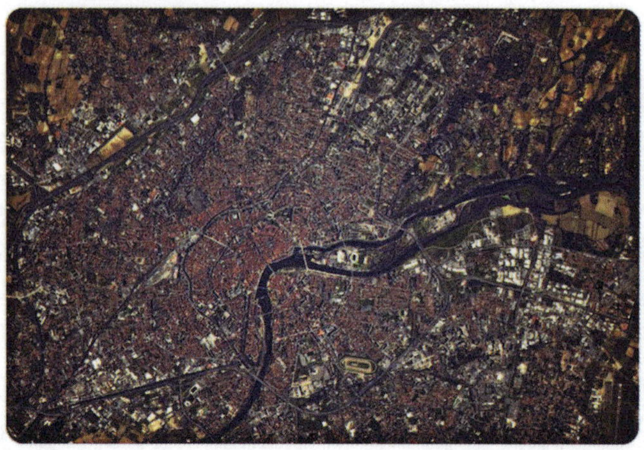

5:26 PM · 4 mars 2017 · Twitter for Android

3 Quelle est la métropole photographiée ici ?

....

4 Quels sont les atouts de cette ville pour Thomas Pesquet ?

....

....

....

....

....

Fil Rouge

Document
Les objectifs de développement durable de l'UNESCO
www.lienmini.fr/40175-20

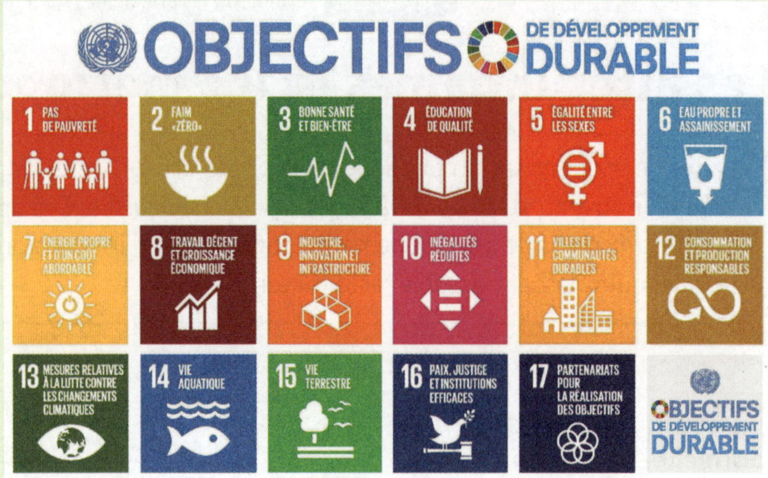

Imaginez la ville durable de demain !

Complétez ce croquis de votre ville du futur en intégrant les 6 objectifs de développement durable mis en avant dans les chapitres de ce thème. Dessinez un aménagement urbain, un quartier ou une architecture spécifique, puis dans la légende, décrivez-le en quelques mots en précisant dans la vignette le numéro de l'objectif de développement durable concerné.

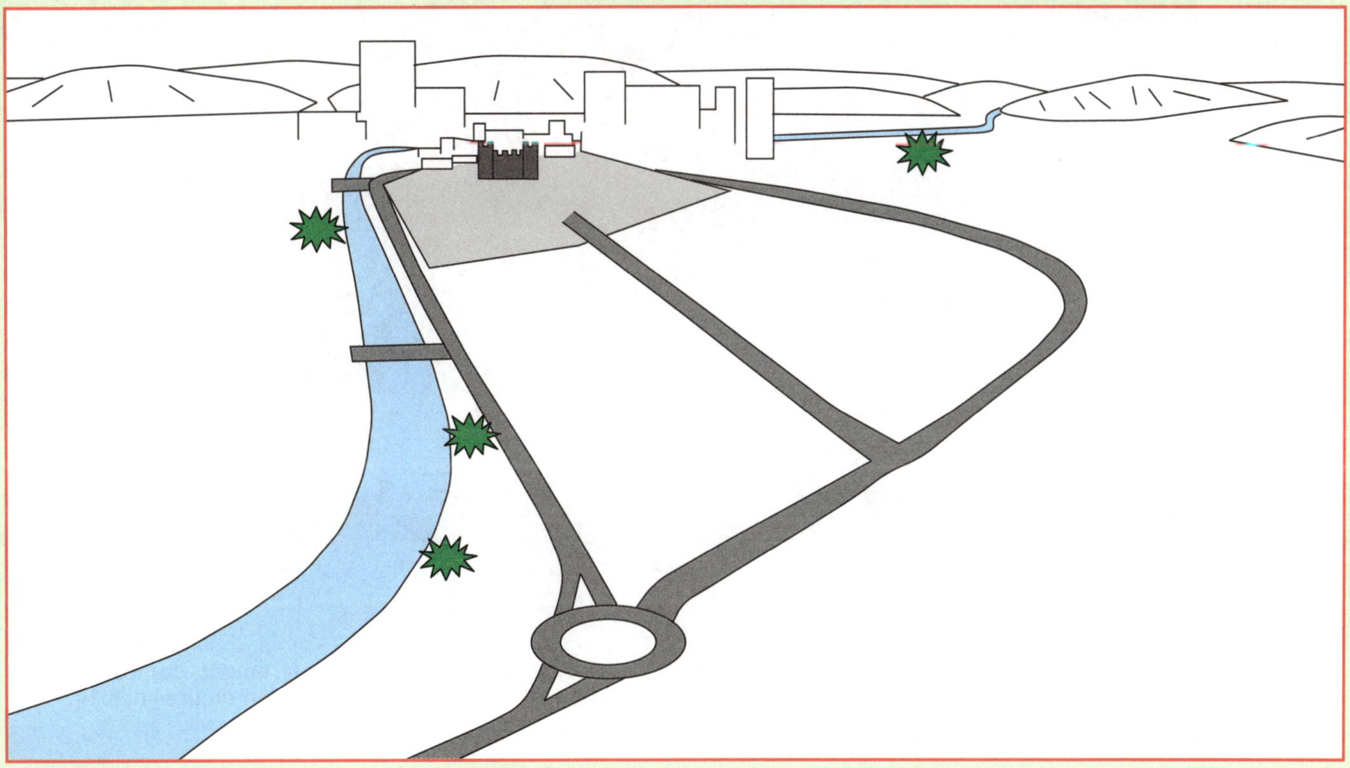

LÉGENDE

14 stations d'épuration végétalisées (✱)

Chapitre 1

[....] (aménagement envisagé) ....
....
....

[....] (aménagement envisagé) ....
....
....

Chapitre 2

[....] (aménagement envisagé) ....
....

[....] (aménagement envisagé) ....
....

Chapitre 3

[...] (aménagement envisagé) ....
....

[...] (aménagement envisagé) ....
....

La place des métropoles dans le tissu urbain français

CAPACITÉ Connaître les principales notions

Les aires urbaines et les métropoles françaises

La loi de modernisation publique territoriale et d'affirmation des métropoles (MAPTAM) votée en 2014 a créé un nouveau statut pour 22 métropoles françaises. Ces agglomérations de plus de 400 000 habitants ont des missions de développement économique, d'innovation, de transition énergétique et de politique de la ville, qui touchent aussi le reste du territoire.

DOC. 1 Les navettes domicile-travail entre les aires urbaines et les métropoles

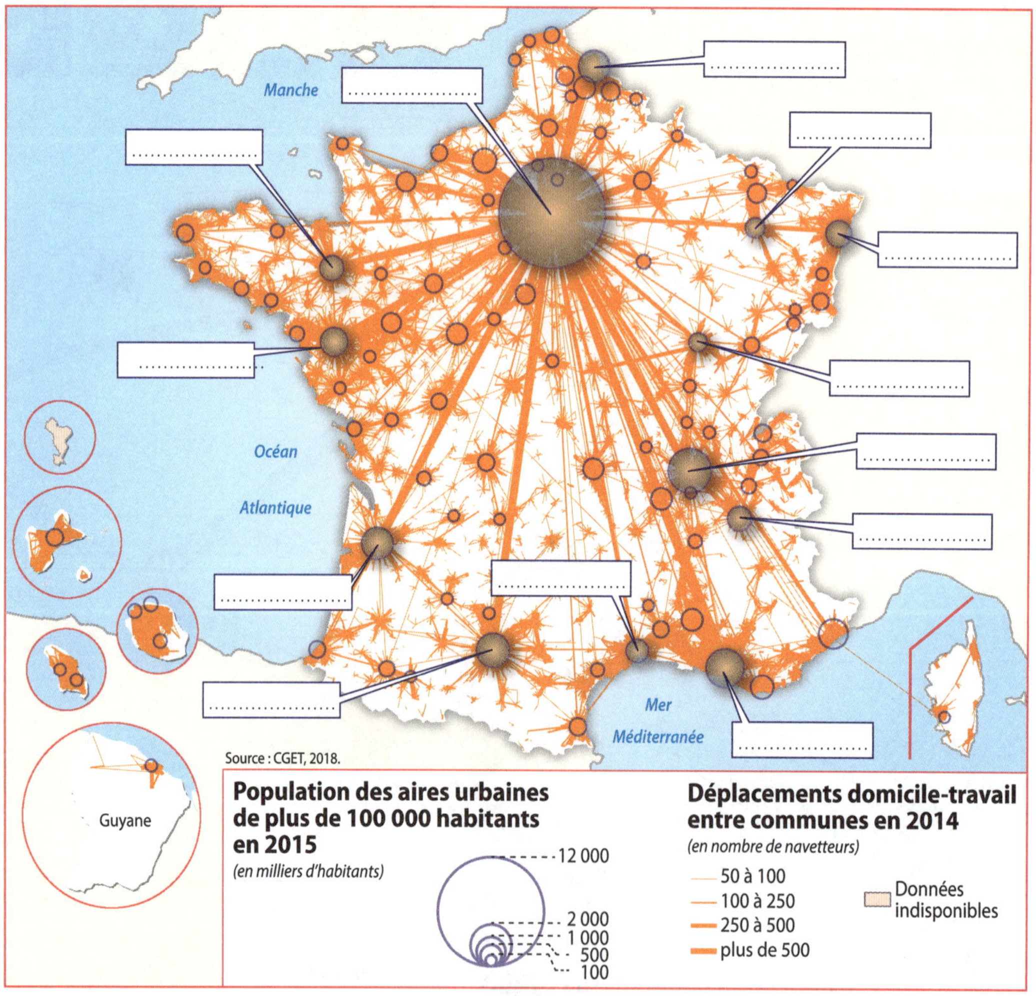

Source : CGET, 2018.

1 DOC. 1 Placez sur la carte le nom des métropoles suivantes.

Paris • Marseille • Lille • Toulouse • Nantes • Bordeaux • Montpellier • Rennes • Strasbourg • Nancy • Grenoble • Dijon • Lyon.

2 DOC. 1 D'après la carte, comment s'organisent les déplacements domicile-travail de toutes les aires urbaines ?

Le saviez-vous ?

Le mot « navette » désigne les allers-retours quotidiens entre le domicile et le lieu de travail, en référence à l'outil des tisserands qui effectue des allers-retours sur le métier à tisser pour passer les fils dans la trame.

DOC. 2 Carte de la métropole marseillaise

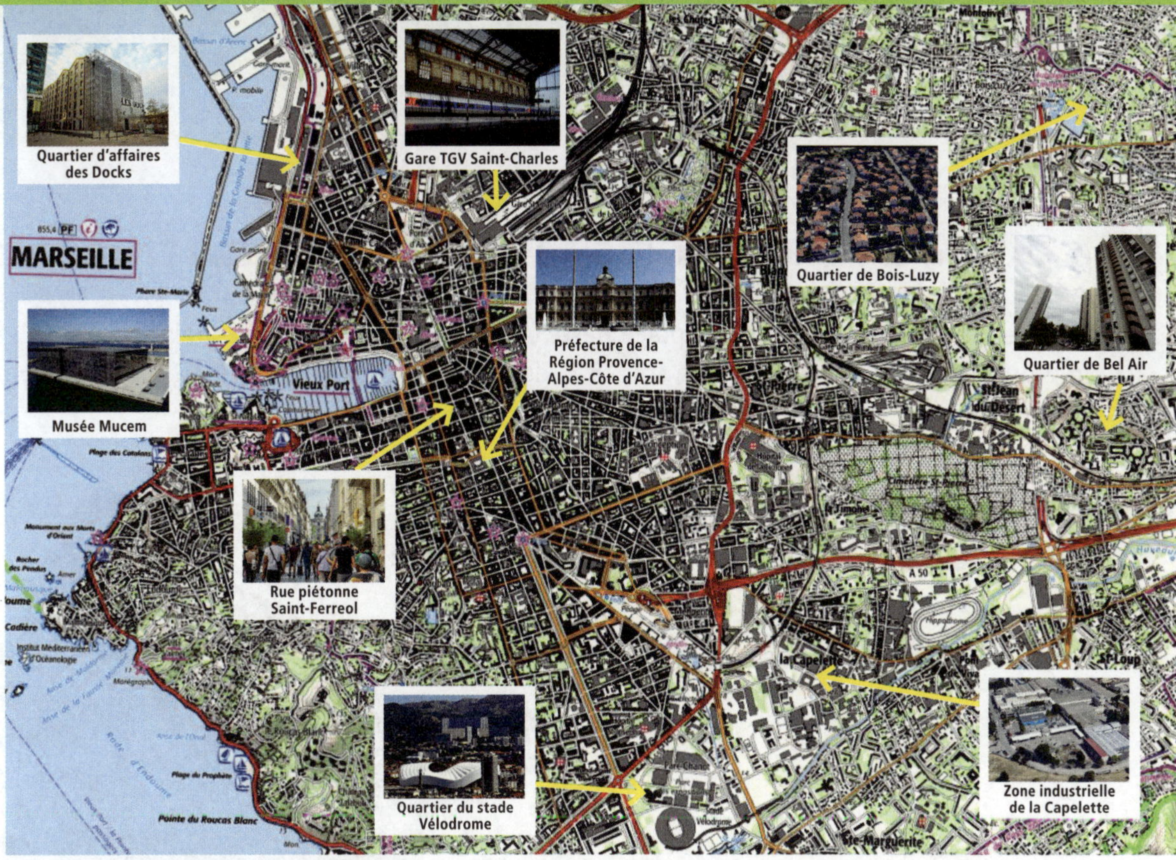

3 **DOC. 2** **Entourez sur la carte, avec trois couleurs différentes : le centre historique de Marseille, la banlieue et le quartier d'affaires.**

4 **DOC. 2** **Listez dans ce tableau les activités dominantes pour chacun des espaces de cette métropole.**

Centre historique	Banlieue ou première périphérie	Quartier d'affaires et commerces	Infrastructures de transport
....	....	....	Mise en réseau des villes : connexions avec les autres métropoles et avec l'aire urbaine.
....	....	....	
....	....	....	
....	....	....	

Activité finale

Définissez les termes suivants.

• Métropole : ....

....

• Aire urbaine : ....

....

Activité complémentaire

Créez puis présentez à la classe un croquis simple d'une aire urbaine de votre choix (sauf Paris), sélectionnée parmi celles proposées dans le document 1.
Allez sur le site Internet de Géoportail. Recherchez la ville. Cliquez sur « Outils », puis sur « Annoter la carte ». Utilisez ensuite les « Outils de création ».

+ Cartes
Site Internet de Géoportail

Fil Rouge

9 INDUSTRIE, INNOVATION ET INFRASTRUCTURE

Objectif 9 « Promouvoir l'essor durable d'infrastructures, de l'industrialisation et de l'innovation ». Placez sur votre croquis page 105 une université ; des parkings en périphérie et un musée moderne.

Chapitre
1

La place des métropoles dans le tissu urbain français

CAPACITÉ Décrire une situation géographique

La place de Paris dans le réseau urbain français

Paris et sa région occupent une place particulière au sein du réseau urbain français. Cette aire urbaine regroupe 12,1 millions d'habitants, soit 18 % de la population française sur 2 % du territoire national.

DOC. 1 Le réseau des métropoles françaises en 2040 d'après la DATAR

Carte par anamorphose : la surface dépend du nombre d'habitants de la métropole.

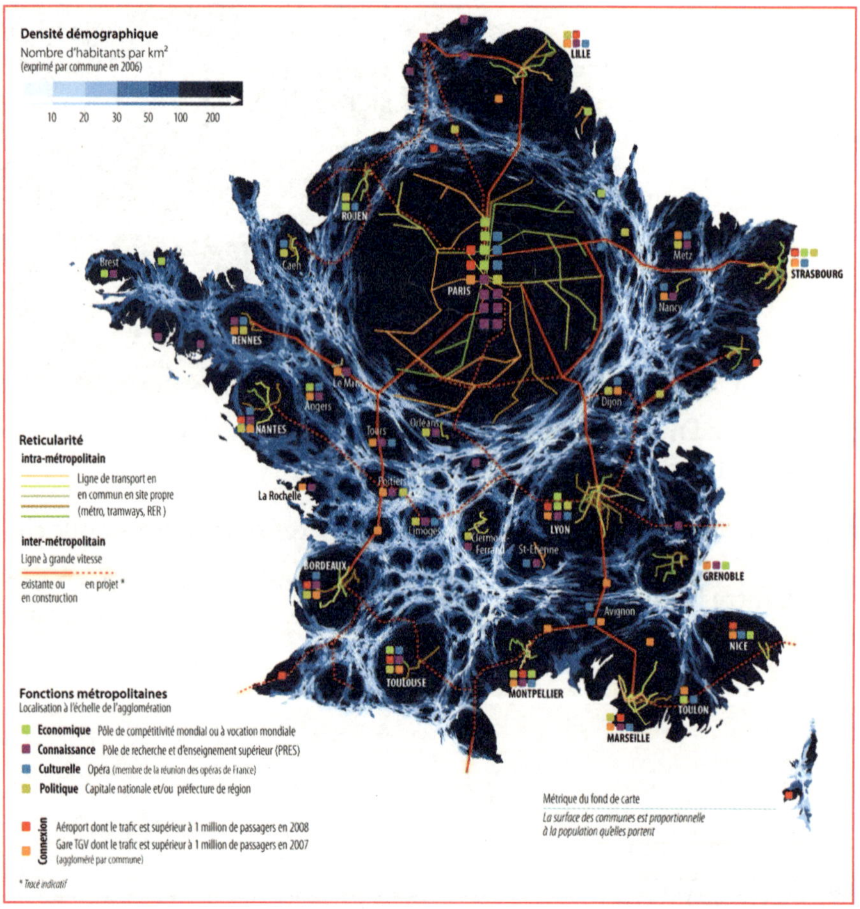

Source : DATAR, 2011.

La DATAR (Délégation interministérielle à l'aménagement du territoire et à l'attractivité régionale) était chargée de conseiller et d'orienter la politique du gouvernement sur les questions d'aménagement du territoire, entre 1963 et 2014.

1 DOC. 1 Entourez sur le document les différentes fonctions d'une métropole.

2 DOC. 1 Complétez le tableau ci-dessous à l'aide des éléments de la carte.

Quel est le sujet de cette carte ?	Qu'est-ce qui différencie la métropole parisienne des autres métropoles françaises ?	Pourquoi ce document a-t-il été réalisé ?	Qu'avez-vous compris ?
....	....	....	....
....	....	....	....
....	....	....	....
....	....	....	....
....	....	....	....
....	....	....	....
....	....	....	....
....	....	....	....

DOC. 2 Le projet du Grand Paris

Il n'y aura pas de France forte et ambitieuse si l'Île-de-France se recroqueville sur elle-même. Si elle renonce à construire les plus hautes tours d'Europe. Si elle renonce à attirer les meilleurs chercheurs du monde. Si elle renonce à son ambition d'être une place financière de premier plan. C'est quand même curieux que la grande place financière d'Europe soit Londres où ils n'ont pas d'euros ! C'est curieux ! On a fait l'Europe pour être au cœur de la vie financière et monétaire et non pas pour en être exclus. Les grandes villes de province ont pris un élan démographique, économique, culturel extraordinaire ces dernières années. Je ne vois pas de honte à ce que la métropole parisienne les imite. Mais j'en verrais une à ce qu'elle se laisse distancer par Shanghai, par Londres ou par Dubaï.

Pour finir et pour avancer, j'identifie quatre leviers de changement.

D'abord les infrastructures. Construisons enfin des transports en commun circulaires [...].

Deuxième levier de changement, c'est l'urbanisme. [...]

L'attractivité dans tous les domaines. La recherche et l'enseignement supérieur. [...]

Il faut enfin l'organisation des pouvoirs. Enfin, Paris est la seule agglomération de France à ne pas avoir de communauté urbaine. Alors qu'elle est la plus grande et la plus stratégique des régions, l'intercommunalité[1] y crée des périmètres sans substance réelle. » [...]

Nicolas Sarkozy, président de la République,
discours prononcé le 26 juin 2007.

1. Intercommunalité : les différentes formes de coopération créées entre des communes.

3 **DOC. 2 Quel est le sujet principal de ce discours ?** ....

....

4 **DOC. 2 Quelles sont les faiblesses de la métropole parisienne selon Nicolas Sarkozy ?** ....

....

Activité finale

PARCOURS VERT **À l'aide des documents 1 et 2, complétez le schéma ci-dessous.**

Paris, aujourd'hui une ville :	›	Les enjeux du projet du Grand Paris Des	›	Domaines concernés par les changements du Paris de demain ....

PARCOURS BLEU **Rédigez un texte pour présenter la place particulière de la métropole parisienne dans le réseau des métropoles françaises.**

- **Paragraphe 1 :** Décrivez l'importance de Paris par rapport aux autres métropoles françaises.

....

- **Paragraphe 2 :** Présentez l'ambition internationale de Paris et les projets du Grand Paris qui répondent à cette ambition. ....

....

Fil Rouge **Placez sur votre croquis page 105 une gare TGV afin de faciliter les liaisons avec la capitale, Paris.**

Chapitre 1 La place des métropoles dans le tissu urbain français

CAPACITÉ Décrire et expliquer le paysage urbain du quartier d'affaires d'une métropole

Un quartier d'affaires d'une métropole : l'exemple d'Euratlantique à Bordeaux

Le projet d'aménagement urbain Bordeaux-Euratlantique, initié par l'État et les collectivités locales en 2010, est la deuxième plus vaste opération d'aménagement de France. Il mêle quartier d'affaires, logements, commerces et doit générer 30 000 emplois.

DOC. 1 Vue du quartier Euratlantique de Bordeaux

Photographie du siège de la Caisse d'Épargne d'Aquitaine et des halles commerciales de la Bocca, 2019.

1 DOC. 1 **Quel type de quartier est représenté ici ?**

....

DOC. 2 50 000 m² de bureaux neufs pour le quartier Belvédère

[…] L'opération d'intérêt national (OIN) Bordeaux Euratlantique est l'une des plus vastes opérations d'aménagement de France. […] L'OIN s'appuie sur une programmation mixte (équipements publics, logements, bureaux neufs, commerces, locaux d'activités, etc.) qui devrait accueillir 30 000 emplois et 50 000 personnes d'ici 2030. Parmi les chantiers en cours, l'immense projet urbanistique du Belvédère commence à sortir de terre. […] Il crée un nouveau pôle d'affaires au cœur de la métropole bordelaise avec 50 000 m² de tertiaire neuf. […] Critère clé pour les entreprises en recherche de bureaux neufs à Bordeaux, le site bénéficie d'une accessibilité exceptionnelle, Bordeaux-Belvédère se trouvant au carrefour des grands flux de communication : le pont Saint-Jean permet de rallier rapidement la gare TGV qui positionne la ville à un peu plus de 2 heures de Paris. […] L'aéroport international de Mérignac se trouve à 25 minutes environ par la rocade.

Le site, situé sur le périmètre du quartier d'affaires d'Euratlantique, prévoit ainsi d'accueillir tous types d'entreprises (sièges sociaux, PME, start-up) […]. Les bâtiments seront construits pour être écoresponsables et intégrer les besoins des utilisateurs […].

Site BNP Paribas Real Estate, 4 octobre 2019.

2 **DOC. 1 et 2 Quelles sont les activités ou métiers accueillis dans le quartier Euratlantique ?**

3 **DOC. 1 et 2 Déduisez-en la définition de l'expression « activités tertiaires » :**

4 **DOC. 1 Quels sont les éléments qui soulignent la modernité et l'attractivité de ce quartier ?**

5 **DOC. 2 Pourquoi ce type de quartier a-t-il été aménagé à Bordeaux ?**

Activité finale

Vous êtes un(e) jeune commerçant(e) qui désire s'installer dans le quartier Euratlantique à Bordeaux. Listez les arguments que vous avancez pour convaincre votre banquier de vous aider à monter votre commerce.

Fil Rouge

Objectif 8 « Promouvoir une croissance économique soutenue, partagée et durable, le plein emploi productif et un travail décent pour tous ».
Placez sur votre croquis page 105 un quartier d'affaires.

Chapitre 1 La place des métropoles dans le tissu urbain français

JE M'AUTO-ÉVALUE

1 Complétez chacune des définitions suivantes.

a. **MÉTROPOLE** : agglomération de plus de 400 000 ……………………, qui rassemble plusieurs …………………… urbaines de premier rang : fonctions ……………………………, économiques, ………………………………. La métropole est connectée à son ………………………………….

b. **QUARTIER D'AFFAIRES** : quartier d'une ……………………………… qui concentre des activités du ………………………… supérieur : (finance, banques, …………………………………… d'entreprises, ……………………………………, culture…).

c. **NAVETTE** : …………………… quotidiens entre le lieu de ……………………………… (aire …………………………) et le lieu de …………………………… (métropole).

2 Associez la métropole à sa description.

- Rennes
- Bordeaux
- Paris

- Métropole de rang mondial : de la taille des grandes villes du monde et avec des fonctions de très haut niveau (finances, universités, recherche, culture…)
- Métropole qui centralise une grande partie de l'activité économique du territoire environnant et pôle d'une région plutôt rurale (l'Est de la Bretagne)
- Métropole régionale (Sud-Ouest) qui a l'ambition de concurrencer des grandes villes européennes et françaises dans le tertiaire, la formation, la recherche ou le tourisme

3 Complétez la légende de ce document.

Photographie du centre de la métropole de ……………………………………

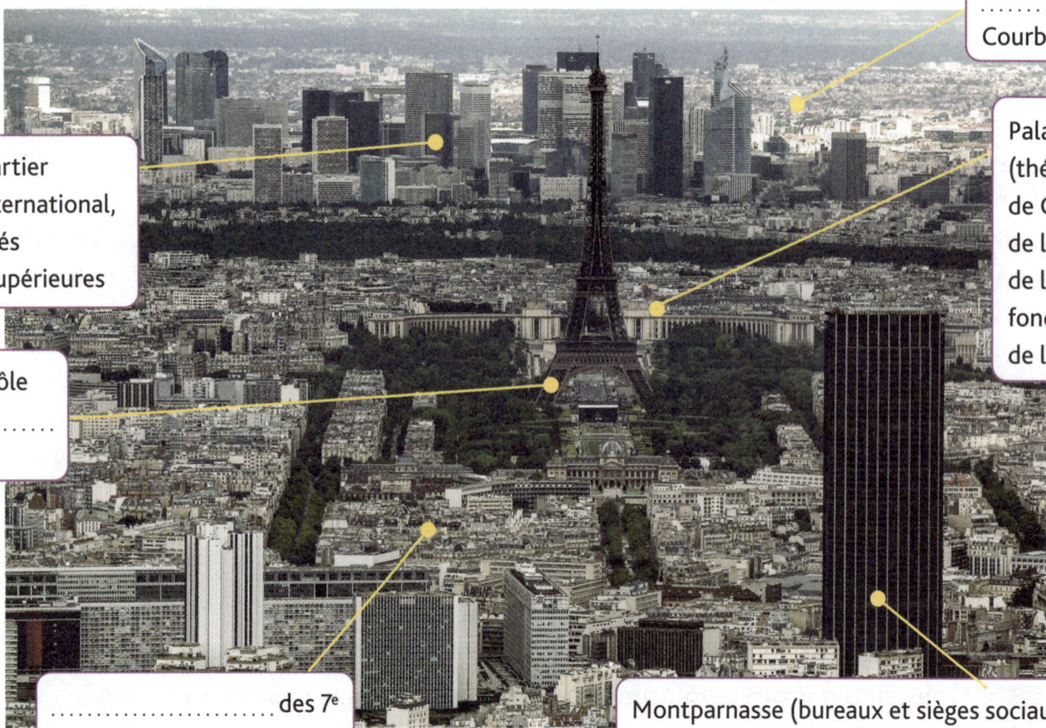

Une commune ……………………: Courbevoie

La Défense, quartier d'………… international, avec des activités …………… supérieures

Palais de Chaillot (théâtre national de Chaillot, musée de la Marine, Cité de l'architecture) : fonction …………… de la métropole

La tour Eiffel, pôle ………………………… mondial

………………………… des 7e et 15e arrondissements : fonction ……………………

Montparnasse (bureaux et sièges sociaux d'entreprises) : fonction de ………………………… de la métropole

Les aires d'attraction des métropoles

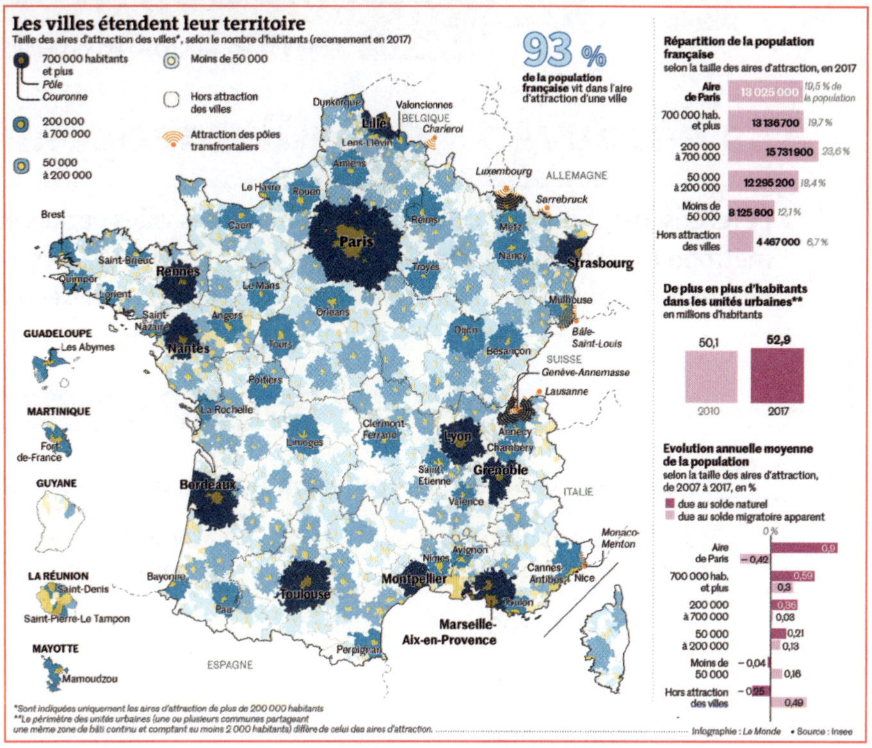

« Les Français vivent de plus en plus dans les zones urbaines ; les périphéries attirent davantage », *Le Monde*, 27 octobre 2020.

Pour entrer dans la démarche, je formule une hypothèse

Selon vous, quel est le sujet du document ?

....

....

J'analyse le document en 4 étapes

ÉTAPE 1 Je relève des informations

1. Recopiez les éléments de présentation du document : nature, auteur, date de production, source.

....

....

....

2. Entourez dans la légende les deux éléments qui composent une aire urbaine « d'attraction ».

ÉTAPE 2 J'analyse le document en faisant des liens avec ce que je sais

3. Où sont principalement situées les grandes métropoles françaises ?

....

....

4. Pourquoi la population se concentre-t-elle majoritairement dans ces espaces métropolitains ?

....

....

ÉTAPE 3 Je comprends le document

5. Quels liens faites-vous entre le titre de l'article et la carte ?

....

....

....

6. Quelles informations supplémentaires seraient utiles pour montrer que les métropoles attirent la population ?

....

....

ÉTAPE 4 Ce que je sais maintenant

7. Quels notions ou enjeux abordés dans ce chapitre sur les espaces urbains retrouvez-vous dans cette carte ?

....

....

....

Chapitre 2

Le réseau des villes petites et moyennes

CAPACITÉ Identifier les différents services présents dans la ville de proximité

À la découverte des villes moyennes de ma région

Le recensement de 2017 confirme l'attractivité des villes petites et moyennes situées en périphérie des métropoles, tendance que ne connaissent pas les villes qui en sont éloignées. Pour les redynamiser, différents acteurs développent des services et des activités économiques.

ATELIER DE GÉOGRAPHIE

DOC. 1 La répartition de la population française par type de communes

Tranche de population (en nombre d'habitants)	Nombre de communes	Population des communes (en milliers d'habitants)
Moins de 200	8 923	1 058
200 à 500	9 860	3 240
500 à 2 000	11 340	11 110
2 000 à 5 000	3 144	9 721
5 000 à 10 000	1 177	8 200
10 0000 à 20 000	516	7 142
20 000 à 50 000	331	10 118
50 000 à 100 000	83	5 489
100 000 à 200 000	31	4 444
Plus de 200 000	11	5 674
Total	**35 416**	**66 130**

Jean-Benoît Bouron, « Ville moyenne», site Géoconfluences, juin 2020.

1 DOC. 1 **Complétez le tableau de calcul ci-dessous afin de dégager les informations essentielles.**

Nombre de communes entre 2 000 et 100 000 habitants	Part de ces villes dans le nombre total de communes (en %) *calcul d'un pourcentage : nombre étudié / nombre total x 100*	Nombre total d'habitants dans ces villes petites et moyennes *(Attention à l'unité !)*	Pourcentage de la population française qui réside dans les villes petites et moyennes
....	....	....	....

2 DOC. 1 **Pourquoi est-il important d'étudier ces villes ?**

....

....

....

....

DOC. 2 Carte interactive de l'INSEE (Institut national de la statistique et des études économiques)

Capture d'écran du site Statistiques locales de l'INSEE.

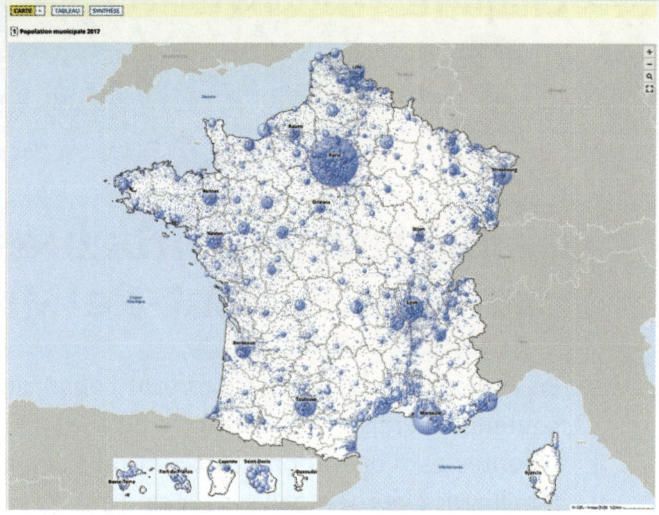

+ Tutoriel
Travailler avec la carte « Population des villes » du site de l'INSEE
www.lienmini.fr/40175-18

3 DOC. 2 **Allez sur le site Internet Statistiques locales de l'INSEE, puis cliquez sur la carte « Zonages ». Zoomez vers la région de votre établissement jusqu'à atteindre l'échelle « 10 km ». Si votre lycée est dans une grande ville ou une métropole, alors zoomez sur une ville petite ou moyenne de votre choix.**

4 DOC. 2 **Inscrivez dans le tableau ci-dessous les noms des 3 villes choisies : celle de votre établissement, une petite ville et une ville moyenne.**

5 DOC. 2 **Affichez le réseau de transport du territoire. Cliquez sur « ACTIONS » puis sur « Ajouter une couche ». Une fenêtre s'affiche à gauche. Cliquez sur « Open streetmap – style plan ».**

6 DOC. 2 **Comparez dans le tableau ci-dessous les services présents dans 3 types de villes différentes sur votre territoire.**

Critères *Sur le site, les données sont dans le tableau « Choisir les indicateurs ». Les critères choisis s'affichent dans le cadre « Mes indicateurs » ; vous pourrez les afficher sur la carte ou les effacer si vous avez choisi les mauvaises données.*	**Ville moyenne de l'établissement** **Nom :**	**Petite ville 2 000 à 10 000 habitants** **Nom :**	**Autre ville moyenne 10 000 à 100 000 habitants** **Nom :** ....
Population en 2017 : > DÉMOGRAPHIE > Évolution et structure de la population > Population municipale en 2017	....	....	....
Nombre de lycées : > DÉMOGRAPHIE > Équipements et services à la population > Lycées	....	....	....
Services des urgences : > DÉMOGRAPHIE > Équipements et services à la population > Urgences	....	....	....
Hypermarchés : > DÉMOGRAPHIE > Équipements et services à la population > Hypermarchés, supermarchés	....	....	....

Activité finale

Décrivez à l'oral la répartition des villes petites et moyennes autour de votre établissement en précisant le nom des villes, leur taille, le département, leur milieu naturel (montagnes, collines, plaines, littoral), la proximité éventuelle d'une métropole.

- Vous présenterez les points forts de ces villes : ce qui permet de rendre ce territoire attractif.
- Vous présenterez les points à améliorer : les services et activités que les villes étudiées devraient développer davantage pour être plus attractives encore.

Fil Rouge 10 INÉGALITÉS RÉDUITES **Objectif 10 : « Réduire les inégalités dans le pays ». Placez sur votre croquis page 105 une maison de santé et des relais de la Poste afin de réduire les inégalités.**

Le réseau des villes petites et moyennes

CAPACITÉ Identifier les principaux acteurs d'un territoire

Les dynamiques urbaines d'une ville moyenne : l'exemple de Mont-de-Marsan

En France, les villes moyennes font l'objet depuis les années 2010 d'une attention soutenue en raison des difficultés qu'elles peuvent connaître. L'une de ces politiques récentes est l'opération « Action Cœur de ville » avec 222 villes retenues, plus de 5 milliards d'euros mobilisés sur cinq ans à l'échelle nationale.

DOC. 1 Présentation de l'action Cœur de ville (2018)

Action Cœur de Ville

Rendre le cœur de ville désirable

[…] Le constat qui nous a guidés était le suivant : la ville-centre, préfecture des Landes, a de réels atouts en matière d'emplois, de patrimoine culturel, de ressources naturelles, de filières de formation, de disponibilités foncières... Néanmoins, ces dynamiques à l'œuvre n'occultent pas les défis à relever pour le centre-ville qui voit sa substance vitale absorbée par la périphérie (commerces, services, activités...) et son tissu commercial déstabilisé par le e-commerce. Au regard de cet état des lieux partagé par de nombreuses villes françaises, et dans la continuité des actions déjà engagées, j'ai souhaité mettre en œuvre une démarche de co-construction avec l'ensemble des acteurs et des citoyens pratiquant le centre-ville afin qu'elle puisse répondre aux attentes de chacun. Ce travail collaboratif a permis de comprendre que seule une synergie et une intervention de tous les acteurs publics et privés permettra d'agir sur la dynamique du centre-ville. La puissance publique seule ne peut détenir toutes les solutions. Nous allons déployer dans les prochains mois un programme d'actions dont l'objectif est de faire du cœur de ville de Mont-de-Marsan un lieu de vie unique, capable de proposer une expérience et des usages de qualité pour l'ensemble de ses habitants, acteurs et visiteurs. Au travers de ce document que j'ai souhaité synthétique et pragmatique, vous allez découvrir le projet d'un cœur de ville, le vôtre !

Charles Dayot, maire de Mont-de-Marsan, éditorial de la plaquette de présentation *Action Cœur de ville*.

1 DOC. 1 **Quel est le sujet de cet éditorial ?**

....

2 DOC. 1 **À quel problème des villes moyennes l'action Cœur de ville tente-t-elle de répondre ?**

....

....

....

3 DOC. 1 **Quel est l'objectif de l'action Cœur de ville à Mont-de Marsan ?**

....

....

4 DOC. 1 **Soulignez dans le texte les acteurs qui interviendront dans la démarche de « co-construction ».**

5 DOC. 1 **Comment ce document répond-il au titre « Les dynamiques urbaines d'une ville moyenne » ?**

....

....

....

....

DOC. 2 De nouvelles offres de services publics en centre-ville

« L'Université européenne de l'innovation publique territoriale » est un événement qui permet aux participants d'apprendre ensemble et de travailler en réseau pour innover de façon collaborative avec les citoyens, les usagers, les partenaires et les agents des services publics afin de créer de nouvelles offres de services publics dans les territoires.

Site de l'Université européenne de l'innovation publique territoriale, 1er septembre 2019.

6 DOC. 2 Complétez le tableau suivant.

Qu'est-ce que ce document ? Citez les 4 parties qui le composent	Par qui est-il construit ? Précisez qui sont les acteurs.	Quel est le problème posé ?	Expliquez un des enjeux posé par les participants.	Pourquoi les solutions envisagées sont-elles intéressantes pour la ville moyenne concernée ?
....	....	....	....	....

Activité finale

Vous devez proposer deux solutions à un défi auquel votre ville est confrontée. Dans la liste ci-dessous, choisissez un défi, précisez les enjeux, puis donnez vos solutions.

Ⓐ Comment créer des espaces de rencontres intergénérationnels dans le centre-ville ?
Ⓑ Comment améliorer les espaces dédiés aux jeunes dans le centre-ville ?
Ⓒ Comment améliorer les transports durables ?
Ⓓ Comment préserver la diversité des commerces dans le centre-ville ?
Ⓔ Comment rendre la ville plus attractive pour les visiteurs ?

Fil Rouge

Sur votre croquis page 105, placez dans le centre-ville plusieurs commerces et une ligne de tramway.

Chapitre 2 Le réseau des villes petites et moyennes

CAPACITÉ À partir d'un exemple d'action intercommunale, montrer la coopération et la complémentarité des acteurs

Les dynamiques urbaines au sein de la communauté de communes du Sud Corse

Confrontées à des enjeux démographiques et de développement, les villes petites et moyennes mettent en place entre elles des coopérations afin de dynamiser leurs territoires et les rendre attractifs.

PARCOURS VERT

DOC. 1 Le partage d'un réseau de vélos à assistance électrique (VAE)

Extrait du Rapport d'activité de la communauté de communes du Sud Corse 2019.

ENERGIE POSITIVE
CROISSANCE VERTE

LE TERRITOIRE À ÉNERGIE POSITIVE POUR LA CROISSANCE VERTE

Il s'agit d'un territoire d'excellence de la transition énergétique et écologique. La collectivité s'engage à réduire les besoins en énergie de ses habitants, des constructions, des activités économiques, des transports, des loisirs. Elle propose un programme global pour un nouveau modèle de développement, plus sobre et plus économe.

100 VÉLOS À ASSISTANCE ELECTRIQUE

En juillet 2019, l'intercommunalité a testé, un service de location de vélos à assistance électrique sur l'ensemble du territoire communautaire.

Le but : proposer des moyens de déplacements alternatifs et encourager la mobilité douce.

Les 10 stations d'accueil des VAE prévues ont été réparties dans les 7 communes–membres du territoire (à Figari, l'installation a été différée de quelques semaines pour cause de travaux).

À terme, le réseau comptera 10 stations déployées dans les 7 communes.

- **Monacia d'Aullène** – la mairie : 10 VAE en service
- **Pianottoli – Caldarello** – le port de plaisance : 10 VAE en service
- **Sotta** – la mairie : 6 VAE en service
- **Porto - Vecchio** - la marine : 10 VAE en service
- **Porto - Vecchio** – Coworking : 5 VAE en service
- **Bonifacio** – la marine : 10 VAE en service
- **Bonifacio** – la haute-ville : 10 VAE en service
- **Lecci** – bureau d'information tourisme : 10 VAE en service

Les trois prochains sites :

- **Porto-Vecchio** : rue Jean Jaurès
- **Porto-Vecchio** : port de plaisance / capitainerie
- **Figari** : mairie

ÉTÉ 2019
+ de 1000 locations
+ de 440 usagers
Tarif de location : 2,5€ / heure

LES STATIONS LES PLUS ACTIVES

1er Monacia-d'Aullène	4e Porto-Vecchio
2d Pianottoli-Caldarello	5e Sotta
3e Bonifacio	6e Lecci

C'est la société bastiaise IN Géo, spécialisée dans la distribution et l'installation d'équipement de mobilité durable qui a obtenu le marché d'un montant de : **400 000 €.**

UN RÉSEAU DE 5 BORNES DE RECHARGES RAPIDES

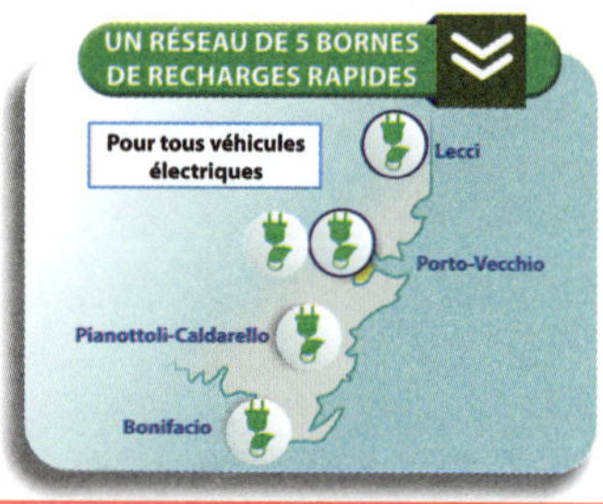

1 DOC. 1 Décrivez en quelques mots le service présenté.

....

....

....

....

2 DOC. 1 Combien de communes en bénéficient ?

....

3 DOC. 1 Trouvez les deux plus grandes villes de ce territoire et précisez l'indice qui vous a aidé(e) à répondre.

....

....

Activité finale

La communauté de communes du Sud Corse réalise une enquête de satisfaction auprès des résidents du territoire suite à la mise en place de ces vélos électriques. Vous êtes l'un des personnages de la liste ci-dessous et vous donnez votre avis (pour ou contre) en proposant deux arguments.

Personnages au choix : un(e) touriste à Bonifacio • un(e) lycéen(ne) à Porto Vecchio • un agriculteur ou une agricultrice à Figari • un(e) retraité(e) à Lecci.

....

....

....

VOCABULAIRE

Communauté de communes : établissement public de coopération qui regroupe plusieurs communes limitrophes. Elle a pour but l'élaboration d'un projet commun de développement et d'aménagement de l'espace.

PARCOURS BLEU

DOC. 2 Le projet de centre aquatique du Sud Corse

Projet modélisé publié sur le site Internet de la communauté de communes du Sud Corse, 2020.

DOC. 3 La Région accorde 2 millions d'euros pour le projet de piscine

Le projet de centre aquatique intercommunal est donc officiellement sur les rails. C'est dans ce contexte que le maire de Porto-Vecchio et président de la communauté de communes du Sud Corse a tenu à annoncer publiquement, hier, la bonne nouvelle qui lui est parvenue il y a quelques jours. La collectivité de Corse[1] vient en effet d'accorder une subvention de 2 millions d'euros pour financer la première tranche des travaux du centre aquatique intercommunal du Prunellu. Une aide sollicitée en 2017. Elle vient s'ajouter aux 900 000 euros déjà attribués par l'État en novembre dernier, au travers de l'Agence nationale du sport. […]

Jugé trop « ambitieux » et « démesuré » par certains conseillers communautaires, le président de la communauté de communes estime pour sa part que ce projet « répond aux attentes du territoire du monde scolaire comme associatif, mais également au-delà, aux régions voisines de la nôtre comme l'Alta Rocca, dont les jeunes sont nombreux à être scolarisés à Porto-Vecchio. Ce centre aquatique est sans nul doute le projet phare de la mandature en matière d'infrastructures sportives pour la communauté de communes du Sud Corse ».

Nadia Amar, « Porto-Vecchio : la Région accorde 2 millions d'euros pour le projet de piscine », *Corse Matin*, 15 janvier 2020.

1. Collectivité de Corse : collectivité territoriale qui possède depuis 1986 les mêmes pouvoirs que ceux d'une région métropolitaine française ; ces pouvoirs ont été progressivement étendus de 1991 à 2018.

4 DOC. 2 et 3 Listez tous les acteurs qui participent ou sont concernés par ce projet.

....

....

Activité finale

Vous habitez dans la communauté de communes du Sud Corse. Défendez ce projet de centre aquatique à l'aide de deux arguments.

Je suis favorable à ce projet de la communauté de communes car ....

....

....

....

Fil Rouge

7 ÉNERGIE PROPRE ET D'UN COÛT ABORDABLE

Objectif 7 « Accélérer l'accès à une énergie abordable, fiable, durable et moderne pour tous ». Placez sur votre croquis page 105 un parc éolien ou solaire.

Chapitre 2

Le réseau des villes petites et moyennes

JE M'AUTO-ÉVALUE

1 Qu'est-ce qu'une ville moyenne ? Notez le nom d'une ville moyenne que vous connaissez, puis complétez la phrase avec au moins trois critères.

« .... est une ville moyenne car :

– elle a .... habitants ;

– ....

– ....

2 Quel est l'intérêt d'une communauté de communes ?
Complétez les affirmations suivantes à l'aide des mots suivants :
concurrence • répartir • équipements.

a. Les villes moyennes peuvent être en .... sur un même territoire ; la communauté de communes permet de la limiter.

b. Grâce à la communauté de communes, on peut davantage investir et .... les services sur l'ensemble du territoire des villes petites et moyennes.

c. La communauté de communes permet de mettre en place des projets et des .... habituellement réservés aux métropoles.

3 En vous appuyant sur les exemples ci-dessous, imaginez une affiche ou un logo pour mettre en valeur une action Cœur de ville dans la ville de votre établissement.

Association des Commerçants Action Cœur de Ville Rochefort www.actioncoeurdeville.com

CAHORS Cœur d'Agglo

COEUR de VILLE LA MADELEINE

Justifiez votre logo en précisant les atouts de votre action et ses objectifs.

....

....

....

....

....

....

....

....

....

Vers le CAP

Résultats d'une enquête d'opinion réalisée par l'IFOP pour Villes de France, avec l'Agence nationale de la cohésion des territoires (ANCT) et la Banque des Territoires en septembre 2020.

Réalisée à la sortie de la période de confinement suite à la pandémie du Covid 19 (du 16 mars au 11 mai 2020), marquée par l'essor du télétravail, cette enquête montre que 84 % des Français préfèreraient habiter dans une ville moyenne.

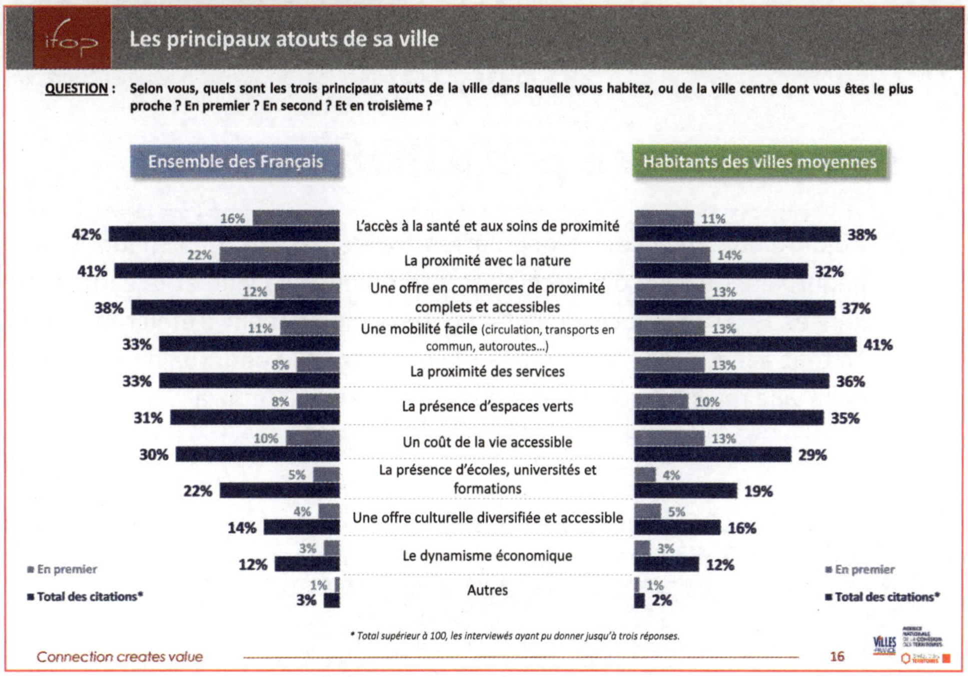

Pour entrer dans la démarche, je formule une hypothèse

Selon vous, quel est le sujet du document ? ....

J'analyse le document en 4 étapes

ÉTAPE 1 Je relève des informations

1. Recopiez les éléments de présentation du document : nature, auteur, date de production, source.

....

....

ÉTAPE 2 J'analyse le document en faisant des liens avec ce que je sais

2. Que montre ce document ? ....

....

....

3. Comment expliquez-vous l'écart entre les pourcentages des populations interrogées concernant « une mobilité facile » ou « la proximité avec la nature » ? ....

....

....

....

ÉTAPE 3 Je comprends le document

4. Quel est l'intérêt du document ? ....

....

....

ÉTAPE 4 Ce que je sais maintenant

5. Quels liens faites-vous entre les notions abordées dans ce chapitre et cette enquête ? ....

....

....

....

Chapitre 3

Les communes périurbaines

CAPACITÉ Compléter le croquis d'un paysage périurbain

Des paysages périurbains

Aujourd'hui, 24 % de la population française, soit 15,3 millions de personnes vivent dans un espace périurbain. Ce type d'espace de transition entre la ville et la campagne se développe depuis le début des années 1960 en France, du fait d'un vaste mouvement d'étalement urbain et de l'usage de l'automobile. Ni tout à fait la ville, ni tout à fait la campagne, le périurbain regroupe une diversité d'espaces dépendants de la ville mais qui conservent des traces d'un passé rural.

PARCOURS VERT

DOC. 1 La ZAC (zone d'aménagement concerté) de Puilboreau (Charente-Maritime)

1 DOC. 1 Coloriez les éléments du croquis en vous aidant de la légende ci-dessous.

Routes, voies rapides, échangeur	Habitat collectif	Entreprises du tertiaire (bureaux)
Parkings automobiles	Grandes surfaces commerciales	Zone d'extension urbaine
Habitat pavillonnaire	Zone d'étalement urbain sur des aires agricoles	

2 DOC. 1 Expliquez ce qu'est une ZAC : localisation, activités dominantes, aménagements et évolutions.

....

....

....

....

VOCABULAIRE

Périurbanisation : phénomène d'extension des zones urbanisées en périphérie d'un pôle urbain, aux dépens d'espaces agricoles et naturels.

PARCOURS BLEU

DOC. 2 La commune de Saint-Brès (Hérault)

Photo aérienne de la commune de Saint-Brès, à 19 km à l'est de Montpellier.

3 DOC. 2 Complétez le schéma ci-dessous en vous aidant de la légende.

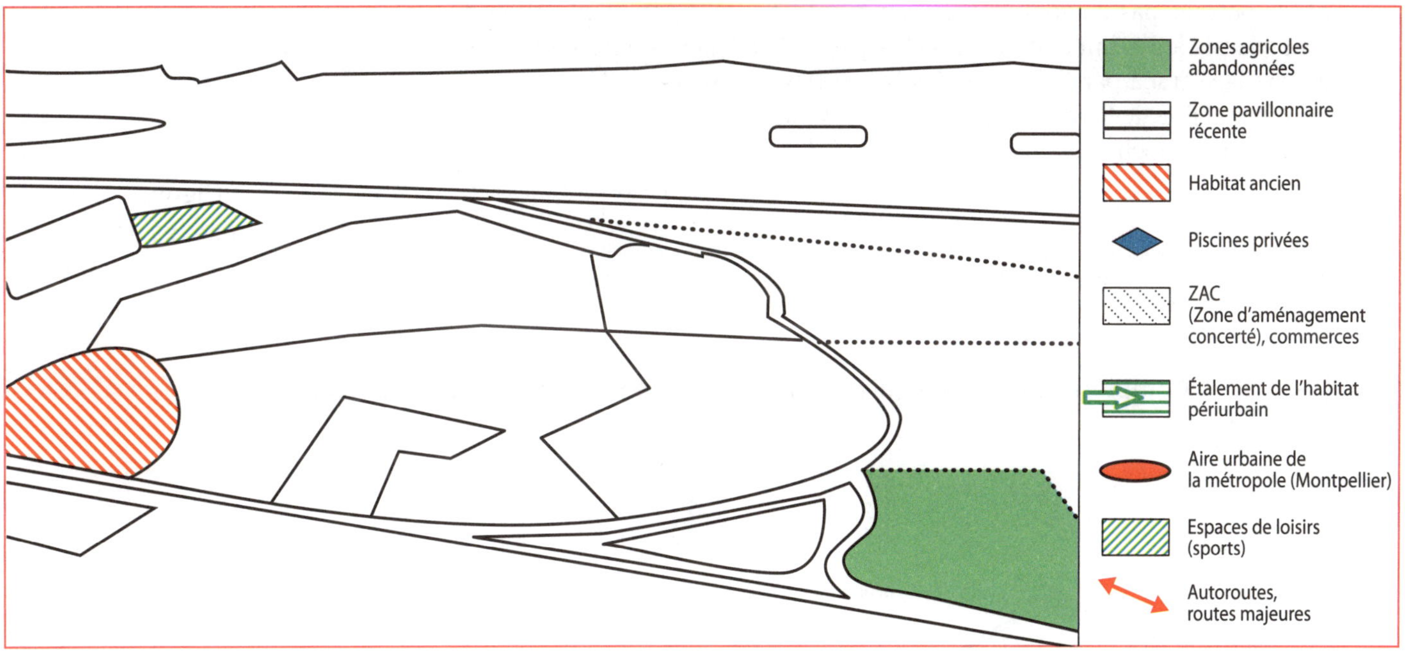

Activité finale

À partir de ces documents, notez quels sont, selon vous, les impacts sociaux, économiques et environnementaux de l'étalement urbain.

....

....

....

....

Fil Rouge

Placez sur votre croquis page 105 une ZAC et un quartier pavillonnaire.

Chapitre 3

Les communes périurbaines

CAPACITÉ Confronter le savoir acquis en géographie avec ce qui est entendu, vu, lu et vécu

Habiter en zone périurbaine

L'espace périurbain est un espace situé à la périphérie d'une ville, entre la « banlieue » et l'espace rural. Il se caractérise par sa densité du bâti. Vivre dans le périurbain implique de la part des populations une adaptation aux atouts et aux contraintes de cet espace.

ATELIER DE GÉOGRAPHIE

DOC. 1 Vivre loin du centre d'une métropole régionale

Deux habitantes de zones éloignées du centre de Clermont-Ferrand témoignent.

[…] Stéphanie et Laila se sentent empêchées, elles aussi. Ces deux mères vivent en ville, pourtant. La première, 38 ans, célibataire, une fille de 12 ans en garde alternée, est à 3 kilomètres du centre ; la seconde, 28 ans, mariée, trois enfants, aux Vignes, vit dans un quartier prioritaire[1] au nord. Elles n'ont pas le permis, pas de voiture, sont peu à l'aise à vélo. Leurs déplacements sont soumis à des impératifs horaires – parfois inadaptés –, circonscrits au quadrillage tracé par l'alphabet des bus et des tramways : le C pour aller chercher la fille de Stéphanie au collège, le A pour Pôle emploi et les enfants de Laila à la crèche, le 3 pour rejoindre la CAF et Lidl… […]

Camille Bordenet, « Les oubliés de la mobilité. "Sans voiture je ne suis plus rien" », *Le Monde*, 14 février 2020.

1. Quartier prioritaire : territoire identifié par la loi de programmation pour la Ville et la cohésion urbaine de 2014, qui est caractérisé par un revenu moyen de ses habitants inférieur à celui de l'aire urbaine.

1 DOC. 1 **Quel problème rencontrent Stéphanie et Laila ?**

....

....

....

....

....

....

2 DOC. 1 **Surlignez dans l'article les lieux et les services fréquentés par les deux femmes.**

3 DOC. 1 **Complétez ce schéma qui résume le quotidien de Stéphanie et de Laila.**

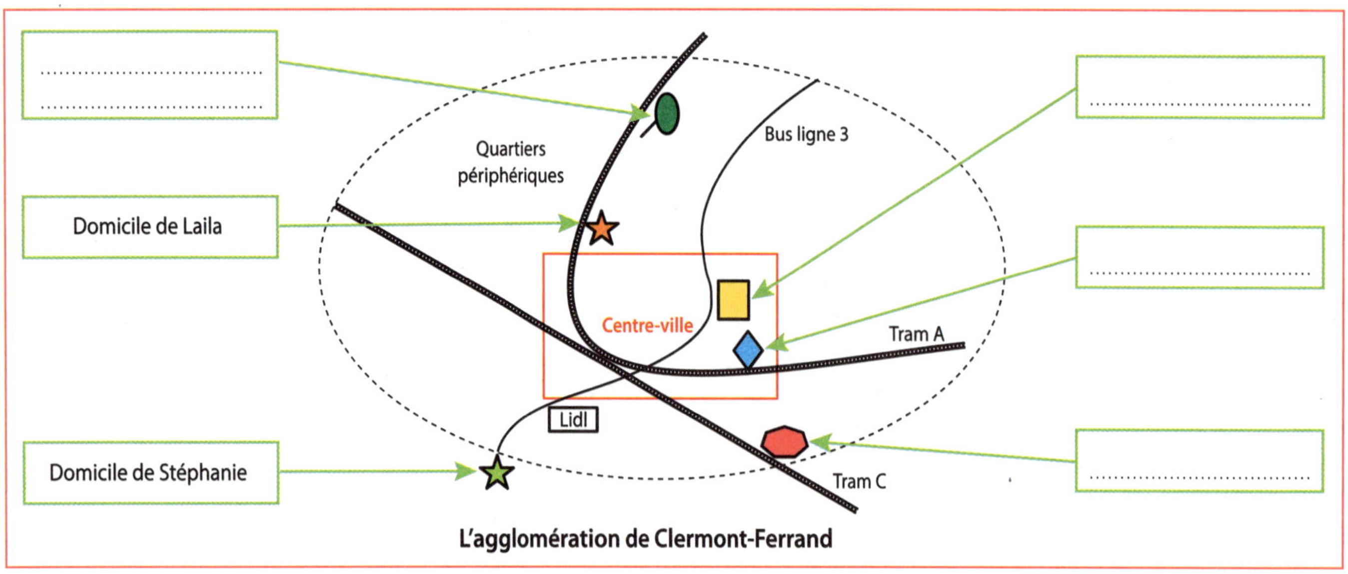

4 DOC. 1 **À partir de cet exemple indiquez quelques-unes des difficultés que rencontrent les habitants des zones périurbaines.** ....

....

....

....

DOC. 2 Le Periurban Park, prix de l'innovation périurbaine 2016

Porté par l'association des Planteurs volontaires, le Périurban Park vise le renforcement de la trame verte de la métropole lilloise et une intervention sur les paysages, par le repérage des terrains publics ou privés pouvant accueillir des arbres. La plantation de 50 000 arbres est prévue dans le cadre de chantiers citoyens participatifs associant élèves, municipalités, maisons de retraite, détenus, personnes démunies.

+ Vidéo
Le Periurban Park
www.lienmini.fr/40175-21

5 DOC. 2 **Regardez la vidéo avec le lienmini ci-dessus. Complétez ensuite cette carte mentale à partir de ce que vous avez vu et entendu dans la vidéo de présentation du projet Periurban Park à Lille.**

Où ?
....
....
....

Objectif :
....
....

De quoi parle-t-on ?
....
....
....
....
....
....
....
....

Déclic ? (causes de l'action) :
....
....
....
....
....
....
....

Projet proposé/ solution :
....
....
....
....

Buts : fonder l'avenir,
....
....
....
....

Résultats :
52 000 arbres plantés,
3 000 planteurs volontaires

Qui ? Acteurs impliqués :
....
....
....

Projets futurs :
....
....
....
....

Fil Rouge

13 MESURES RELATIVES À LA LUTTE CONTRE LES CHANGEMENTS CLIMATIQUES

Objectif 13 « Prendre des mesures urgentes pour lutter contre le changement climatique et ses impacts. ». Placez sur votre croquis page 105 un aménagement urbain : des transports collectifs durables ou des espaces verts.

Chapitre 3

Les communes périurbaines

CAPACITÉ Connaître et comprendre les objectifs du développement durable définis par l'UNESCO

Un éco-quartier dans une commune périurbaine : l'exemple de Courtil-Brécard

Les espaces périurbains sont confrontés à une forte pression démographique. Pour faire face au défi de l'urbanisation, il est nécessaire de planifier l'aménagement de ces territoires. L'UNESCO a défini des propositions afin d'accompagner les projets vers des villes et des communautés durables. C'est dans ce contexte que sont créés les éco-quartiers.

DOC. 1 **Le projet d'éco-quartier**

Cahier des charges du promoteur

- **Superficie de l'opération :** 9,6 ha
- **Environnement :**
  - Situé en partie haute de Saint-Marc-sur-mer (Loire-Atlantique), dans un cadre verdoyant, le quartier de Courtil-Brécard se situe à environ 500 mètres de la mer et à 300 mètres du centre-bourg (commerces de proximité).
  - La zone commerciale d'Océanis est à 2 km, les centres-villes de Saint-Nazaire et de Pornichet sont à 5 km.
- **Objectifs de l'opération :**
  - Rééquilibrer l'offre de logements en la diversifiant dans un secteur soumis à une forte pression foncière et immobilière.
  - Épaissir le centre-bourg de Saint-Marc-sur-mer en accueillant de nouveaux équipements.
  - Révéler la qualité paysagère du site.
- **Programme :**
  - **Habitat :** environ 260 logements, dont : 60 % de collectifs ; 30 % d'intermédiaires et groupés ;
    10 % de lots individuels ; 40 % des logements sont des locatifs sociaux.
  - **Équipements :** Le site accueille un groupe scolaire et une salle de quartier.
- **Parti d'aménagement :**

Mettre à profit l'environnement pour intégrer le bâti nouveau et protéger l'existant.
L'opération est distribuée par un espace public fédérateur qui s'appuie sur une trame paysagère existante et qui vient se raccorder aux voies périphériques.

Site de SONADEV, promoteur immobilier, consulté en décembre 2020.

VOCABULAIRE

Développement durable : développement à long terme qui doit associer croissance économique, bien-être social et respect de l'environnement.

Éco-quartier : quartier urbain conçu, organisé et géré dans une démarche de développement durable.

DOC. 2 **Les aménagements de l'éco-quartier Courtil-Brécard (Loire-Atlantique)**

Photographies de l'éco-quartier Courtil-Brécard, 2018.

1 **DOC. 1 et 2 Quel est le sujet abordé dans les documents ?**

2 **DOC. 1 Pourquoi cet éco-quartier peut-il contribuer au dynamisme de la ville de Saint-Marc-sur-mer ?**

3 **DOC. 2 Notez les éléments de cet éco-quartier qui permettent de répondre à l'objectif 11 de développement durable de l'UNESCO : « Faire en sorte que les villes et les établissements humains soient ouverts à tous, sûrs, résilients* et durables ».**

** résilients : ici, capables de limiter les atteintes à l'environnement dues aux activités humaines.*

Activité finale

Vous habitez l'éco-quartier Courtil-Brécard depuis un an. La mairie vous envoie une enquête pour savoir si cet éco-quartier répond bien aux attentes de l'objectif 11 de développement durable de l'UNESCO.

Citez les réalisations qui correspondent aux attentes de l'objectif 11.	Citez les réalisations qui s'éloignent de l'objectif 11.

Êtes-vous satisfait(e) du projet ? ☐ oui ☐ non

Fil Rouge

Objectif 11 « Rendre les villes et les établissements ouverts à tous, sûrs, résilients et durables ». Placez sur votre croquis page 105 un éco-quartier en zone périurbaine.

Chapitre 3 Les communes périurbaines

JE M'AUTO-ÉVALUE

1 Cochez l'élément qui caractérise la notion abordée.

- **Périurbanisation :** ☐ étalement ☐ concentration ☐ dispersion
- **Habitat pavillonnaire :** ☐ habitat collectif ☐ habitat individuel ☐ pas d'habitat
- **ZAC :** ☐ ensemble de petits magasins dans un espace rural ☐ magasins de centre-ville ☐ zone d'activités diverses installée en périphérie

2 Nommez chacun des espaces périurbains ci-dessous.

a. ……………………………………

b. ……………………………………

c. ……………………………………

3 Décrivez l'espace représenté par cette photographie ; précisez le type d'espace périurbain, ses atouts, ses contraintes.

Il s'agit d'un ……………………………………………………………………………………

……………………………………………………………………………………………………

• Ses atouts sont : ……………………………………………………………………………

……………………………………………………………………………………………………

• Ses contraintes sont : ………………………………………………………………………

……………………………………………………………………………………………………

Vers le CAP

IGN (Institut géographique national), photographies aériennes de l'agglomération de Beauvais en 2000 et en 2020.

L'agglomération de Beauvais compte 60 385 habitants en 2017 et se situe à environ 104 km au nord de Paris.

Pour entrer dans la démarche, je formule une hypothèse

Selon vous, quel est le sujet du document ?

J'analyse le document en 4 étapes

ÉTAPE 1 Je relève des informations

1. Recopiez les éléments de présentation du document : nature, auteur, date de production, source.

2. Que peut-on comparer avec ce document ?

ÉTAPE 2 J'analyse le document en faisant des liens avec ce que je sais

3. Quelle évolution du paysage montre-t-il ?

ÉTAPE 3 Je comprends le document

4. Comment expliquez-vous cette évolution ?

ÉTAPE 4 Ce que je sais maintenant

5. Quels liens faites-vous entre les notions abordées dans ce chapitre et ces photographies aériennes ?

THÈME 2 Espaces urbains : acteurs et enjeux

+ Podcast
L'essentiel du thème 2 de géographie
www.lienmini.fr/40175-22

L'essentiel

La place des métropoles dans le tissu urbain français

La France est constituée d'un **important réseau urbain** dense et diversifié. **Paris est au cœur de ce réseau.** Avec son aire urbaine, elle compte plus de 12,1 millions d'habitants, soit 18 % de la population française. Elle concentre les fonctions de commandement politique, économique, culturel et scientifique. C'est une ville d'importance mondiale qui développe des projets ambitieux à l'image du Grand Paris. En dehors de Paris, le réseau urbain comporte **des métropoles régionales interconnectées** (par le TGV) qui dominent leurs **aires urbaines**. Ces **pôles urbains** exercent une réelle attraction sur leur région.

Le réseau des villes moyennes et petites

La France est aussi composée d'une **mosaïque de villes petites et moyennes**. Plus de la moitié de la population française vit dans une ville de **moins de 100 000 habitants**. La **délocalisation d'une entreprise** importante ou de **services publics de proximité** peut être source de fragilité. Afin de rester dynamiques, elles développent des projets communs au sein des **intercommunalités**.

Les communes périurbaines

80,44 % des Français vivent dans une **aire urbaine**, c'est-à-dire un **pôle urbain** et sa **couronne périurbaine**. Cet **étalement urbain** est **source de défis** pour les communes périurbaines car il implique des **aménagements** et le développement des **infrastructures de transport**. Il entraîne une augmentation des **mobilités** (navettes domicile/travail) et l'utilisation de l'**automobile**. Aussi, différents **acteurs publics et privés** mettent en œuvre des projets afin de rendre ces espaces périurbains plus durables et **respectueux de l'environnement**, comme les éco-quartiers.

NOTIONS

- **Intercommunalité :** coopération prévue par la loi et dotée d'une fiscalité qui permet aux communes de se regrouper dans une structure pour gérer des équipements ou des services publics, élaborer des projets de développement économique, d'aménagement ou d'urbanisme à l'échelle d'un territoire plus vaste que celui de la commune. Les syndicats de communes, les communautés de communes, les communautés urbaines, les communautés d'agglomération, les syndicats d'agglomération nouvelle et les métropoles sont quelques-unes des formes de l'intercommunalité.
- **Métropole :** ensemble urbain de grande importance qui exerce des fonctions de commandement, d'organisation et d'impulsion sur une région et qui permet son intégration avec le reste du monde.
- **Périurbanisation :** extension des surfaces artificialisées en périphérie des agglomérations urbaines.
- **Réseau de villes :** démarche volontaire d'alliance et de coopération entre des villes proches ou éloignées dans le cadre d'un projet commun.

REPÈRES

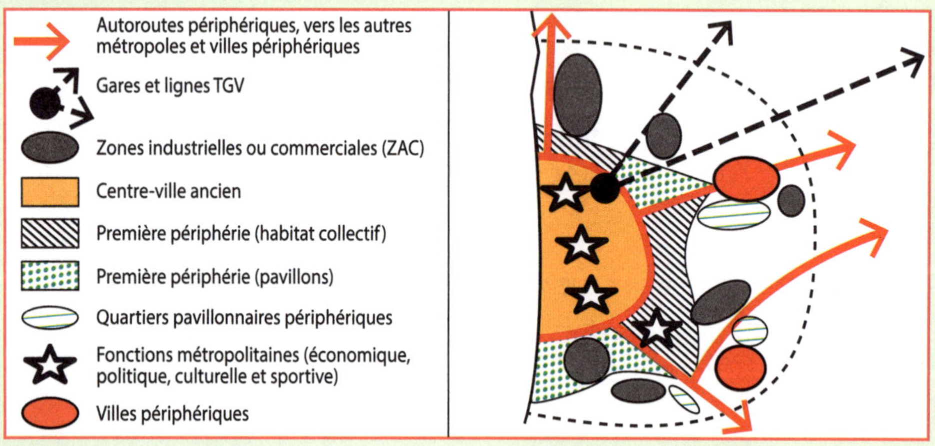

Croquis d'une métropole et de son aire urbaine

JE PRÉPARE L'EXAMEN

Mon choix de documents

A
Les aires d'attraction des métropoles, 2020
Carte › p. 113

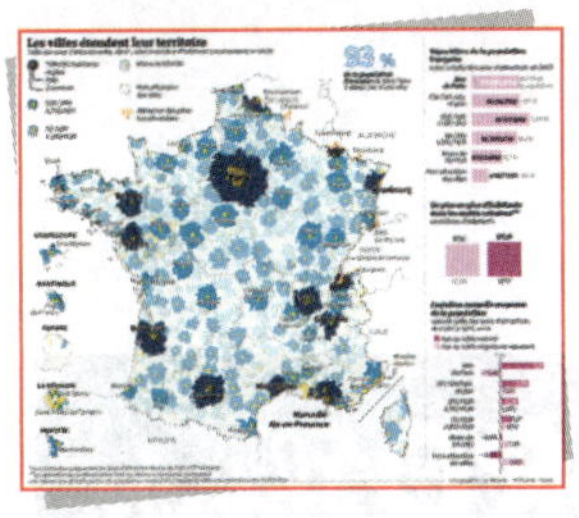

B
Résultats d'une enquête d'opinion sur les villes moyennes, 2020
Infographie › p. 121

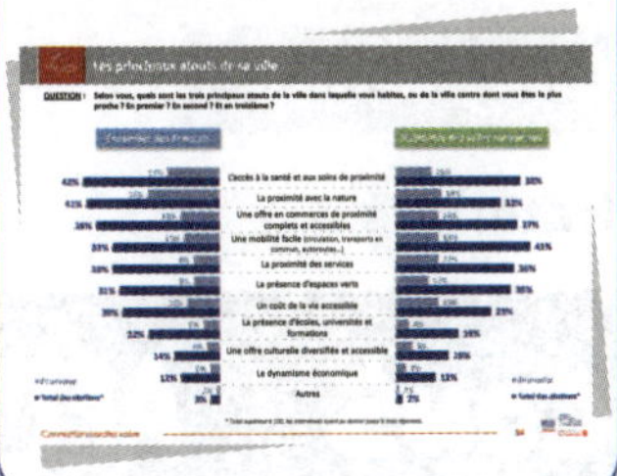

C
L'agglomération de Beauvais en 2000 et en 2020
Photographies aériennes › p. 129

D
....
....
....

Collez ici un document de votre choix (découpé ou photocopié)

Titre et références du document retenu : ....

....

ÉTAPE 1 Je présente le document

- J'indique la nature du document, son auteur, sa date, le lieu concerné. ....

....

- Je précise le sujet du document et son lien avec le thème 2 du programme de géographie. ....

....

ÉTAPE 2 J'analyse le document

- J'identifie les éléments. ....

....

- Je relève les principales informations en faisant le lien avec ce que je sais. ....

....

ÉTAPE 3 Je comprends le document

- Quel est l'intérêt du document ? Quelles sont ses limites éventuelles ? ....

....

....

ÉTAPE 4 Je conclus

- Qu'est-ce que le document m'a permis de comprendre ? ....

....

....

....

....

....

....

....

JE M'AUTO-ÉVALUE

- ☐ Je mobilise des connaissances et replace le document, les événements, les acteurs dans leur contexte.
- ☐ Je donne le sens global du document.
- ☐ Je fais preuve d'esprit critique face au document.
- ☐ J'utilise le vocabulaire de la géographie.
- ☐ Je m'exprime de manière claire, correcte et de façon argumentée.

EMC

1. Devenir citoyen, de l'École à la société

2. Liberté et démocratie

J'entre dans le programme

Nuage de mots autour de « liberté », « égalité », « fraternité ».

1 Réalisez vos trois nuages de mots autour de « citoyen », « liberté », « démocratie ». Ces 3 nuages refléteront vos idées, vos opinions, vos questions.

Citoyen	Liberté	Démocratie

Quelques exemples de symboliques de la démocratie

Un débat télévisé pour l'élection présidentielle

Débat entre François Hollande et Nicolas Sarkozy, les deux candidats du deuxième tour à l'élection présidentielle de 2012.

L'arbre de la liberté, symbole de la Révolution française

Arbre de la liberté planté en 1797 à Bayeux (Calvados).

2 **Observez les photos ci-dessus. Pour vous, quels seraient les symboles de la citoyenneté, de la démocratie et de la liberté ?**

– Un symbole de la citoyenneté : ....

– Un symbole de la démocratie : ....

– Un symbole de la liberté : ....

3 **Sélectionnez dans l'ensemble de cet ouvrage 3 images qui représentent selon vous la citoyenneté française, puis expliquez votre choix.**

Je choisis l'image et je note la page	Je décris l'image en quelques mots	J'explique mon choix
page	....	....
page	....	....
page	....	....

Préparer, réaliser et finaliser mon projet

En EMC, vous allez préparer et finaliser des projets. Cette fiche vous permettra de visualiser tous les éléments et toutes les étapes pour mener à bien votre projet.
N'hésitez pas à reproduire cette fiche pour chaque nouveau projet.
À chaque étape de votre projet, pensez à le faire valider par votre enseignant(e) pour qu'il soit conforme aux attentes.

1 *Je choisis le titre de mon projet*

....
....
....
....

2 *Je fixe les objectifs*

....
....
....
....

3 *Je liste mes besoins*

....
....
....
....

4 *Je planifie les moments importants (quand ? combien de temps ? etc.)*

....
....
....
....

5 *Je rédige un résumé de mon projet*

....
....
....
....

6 *Je m'évalue (j'écris ce que j'ai réussi et les points à améliorer)*

....
....
....
....

Avis de l'enseignant(e) : ....
....
....
....

MÉTHODE Apprendre à débattre

1 Complétez les deux phrases suivantes.

Un débat, c'est ....

....

Un débat, ce n'est pas ....

....

2 Imaginez que vous devez organiser l'installation des participants d'un débat pour favoriser l'échange entre toutes les personnes présentes.
Dans les deux schémas de salle ci-dessous, dessinez les figurés des participants et des modérateurs (secrétaire/distributeur de parole) afin de proposer deux installations différentes.

Salle de classe A	Salle de classe B

● 12 participants

■ 4 modérateurs

3 Complétez le tableau suivant avec les avantages et les inconvénients de chaque disposition.

	Avantages	Inconvénients
Salle de classe A		
Salle de classe B		

4 Expliquez pourquoi en EMC le débat est l'une des pratiques privilégiées.

....

....

....

....

+ Document
Les différents types de débat
www.lienmini.fr/40175-23

OBJET D'ÉTUDE 1

Devenir citoyen, de l'École à la société

Être citoyen, c'est avoir des droits garantis par l'État et c'est remplir des devoirs envers la communauté nationale. La citoyenneté s'exerce dans le respect de ces droits et devoirs. Chacun peut s'engager au service du bien commun.

Je fais le point sur mes connaissances

1 Vrai ou faux ? Cochez la bonne réponse.

a. La Déclaration des droits de l'homme et du citoyen de 1789 évoque le rôle du citoyen. ☐ Vrai ☐ Faux

b. Un citoyen ne peut pas remettre en cause les lois. ☐ Vrai ☐ Faux

c. Un citoyen a un seul devoir, celui de voter. ☐ Vrai ☐ Faux

d. Tous les habitants de France sont des citoyens français. ☐ Vrai ☐ Faux

e. Tout citoyen peut être appelé dans l'armée à participer à la défense de son pays. ☐ Vrai ☐ Faux

f. Un citoyen a plus de libertés sur les réseaux sociaux. ☐ Vrai ☐ Faux

J'entre dans l'objet d'étude

2 Des images pour représenter la citoyenneté
Inscrivez en légende sous chacune des photographies l'une des propositions suivantes :
nationalité française • droit de vote • civisme • association.

....

....

....

....

+ Vidéo
La République, ses valeurs, le citoyen
www.lienmini.fr/40175-24

3 **Échangez en classe afin d'établir une liste commune des droits et devoirs du citoyen. Notez ci-dessous ce qui est retenu.**

Fil Rouge

Complétez les définitions des notions suivantes au fur et à mesure de l'étude.

ABC de l'EMC

- **Armée** : organisation structurée d'individus spécialisés dans les métiers des armes au service de l'État. Les forces militaires qui composent l'armée sont chargées de la défense et de la sécurité d'un pays et de ses intérêts.
- **Association** :
- **Citoyenneté politique** :
- **Civisme** : respect du citoyen pour son pays, ses valeurs et ses principes.
- **Constitution** : loi fondamentale d'un État qui définit les valeurs, les droits et les libertés des citoyens et fixe la forme de gouvernement.
- **Défense et sécurité nationale** :
- **Droit de vote** :
- **Engagement** :
- **Gendarmerie, police** : institutions chargées de veiller au maintien de l'ordre public et à la sécurité des personnes et des biens.
- **Parti politique** : groupement de personnes qui partagent les mêmes opinions, les mêmes idées, ayant pour objectif de se faire élire, d'exercer le pouvoir et de mettre en œuvre un projet politique ou un programme commun.
- **Service national universel (SNU)** :
- **Souveraineté nationale** : principe politique selon lequel le pouvoir appartient à la nation, c'est-à-dire aux citoyens et à leurs représentants.
- **Syndicat** : organisation professionnelle dont le but est de défendre les intérêts de ses membres.

Thème 1 Être citoyen

COMPÉTENCE Mettre à distance ses opinions personnelles pour construire son jugement

Les droits et les devoirs des citoyens

Sur le plan juridique, le citoyen est une personne de nationalité française, majeure et qui jouit de ses droits civils et politiques. Ce statut lui donne des droits et des devoirs. L'École permet à tous de se préparer à son rôle de citoyen.

ÉTAPE 1 Je m'interroge

1 DOC. 1 **Parmi les objets ci-dessous, entourez ceux que vous pensez comme utiles au citoyen.**

DOC. 1 Des objets du quotidien

......

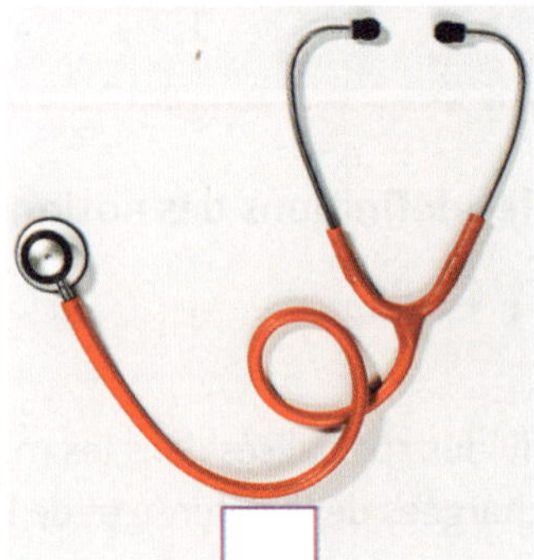

......

......

......

......

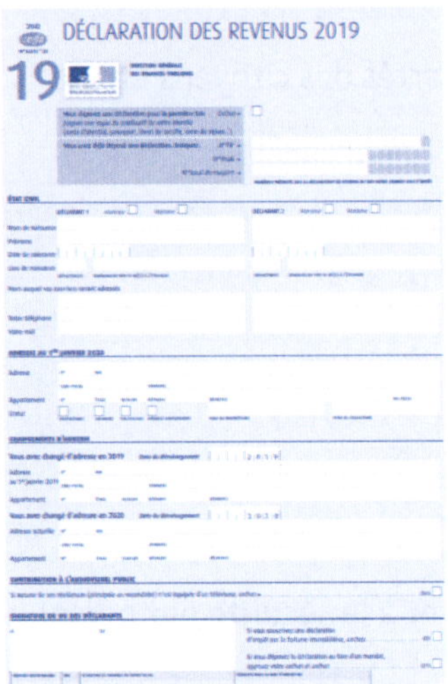

......

......

......

2 DOC. 1 **Expliquez votre choix pour deux des objets entourés.** ....

....

....

....

ÉTAPE 2 Je définis les droits et devoirs

DOC. 2 Des extraits de textes clés

A. Extrait du Livret du citoyen (2016)

Les droits civiques : Ces droits désignent les libertés individuelles accordées à tous les citoyens par la loi : le droit de vote ; l'éligibilité (le droit de se porter candidat à une élection et d'être élu) ; le droit d'exercer une fonction juridictionnelle (juge…) ; le droit de représenter ou d'assister une partie devant la justice ; le droit de témoigner en justice. Ils peuvent être retirés à un individu par décision judiciaire pour certaines infractions (crimes ou délits), en raison de leur gravité.

B. Extrait du Livret du citoyen (2015)

Les citoyens contribuent au financement des services publics. Tous les citoyens doivent participer à la hauteur de leurs moyens au financement des services publics en payant des impôts. Ils participent au financement de la protection sociale par les cotisations prélevées sur leur salaire. Déclarer ses revenus et payer ses impôts est obligatoire.

Tous les citoyens ont accès aux emplois publics. Tous les citoyens ont accès, de façon égale, aux emplois dans l'administration. Ils sont sélectionnés exclusivement selon leurs qualités et leurs compétences.

Les citoyens contribuent à la défense nationale. En cas de guerre, tout citoyen peut être appelé dans l'armée à participer à la défense du pays. À partir de 16 ans, les Françaises et les Français doivent se faire recenser à la mairie pour participer à la « Journée défense et citoyenneté ».

C. Extrait de la Charte des droits et devoirs du citoyen français (2012)

Tout être humain, sans distinction de race, de religion ni de croyance, possède des droits inaliénables. Sur le territoire de la République, ces droits sont garantis à chacun et chacun a le devoir de les respecter. À la qualité de citoyen français s'attachent en outre des droits et devoirs particuliers, tels que le droit de participer à l'élection des représentants du peuple et le devoir de concourir à la défense nationale ou de participer aux jurys d'assises.

D. Extraits de la Charte de l'environnement (2004)

Article 1. Chacun a le droit de vivre dans un environnement équilibré et respectueux de la santé.
Article 2. Toute personne a le devoir de prendre part à la préservation et à l'amélioration de l'environnement.
Article 3. Toute personne doit, dans les conditions définies par la loi, prévenir les atteintes qu'elle est susceptible de porter à l'environnement ou, à défaut, en limiter les conséquences.
Article 4. Toute personne doit contribuer à la réparation des dommages qu'elle cause à l'environnement, dans les conditions définies par la loi. […]

3 DOC. 2 **Surlignez dans les textes les droits du citoyen français, puis soulignez ses devoirs.**

4 DOC. 1 et 2 **Associez chaque texte à l'un des objets du citoyen en inscrivant sous chaque objet la lettre du texte correspondant.**

Vers le projet

**Organisez une exposition sur les droits et devoirs du citoyen à partir d'objets.
Complétez la liste du document 1 avec d'autres objets de votre choix liés à la citoyenneté (exemples : un sac à dos militaire, une attestation JDC, une ampoule basse consommation…).**

Fil Rouge **Complétez l'ABC de l'EMC page 137 en notant la définition de la « citoyenneté politique » et du « droit de vote ».**

Thème 1

Être citoyen

COMPÉTENCE S'impliquer dans un travail et coopérer

S'engager au service du bien commun

Être citoyen implique de participer à la vie de la cité. Cette participation est un engagement qui peut prendre plusieurs formes (voter, occuper une fonction politique, œuvrer dans une association, un syndicat...), défendre différentes causes (les droits de l'homme, la lutte contre toutes les formes de discriminations...) et s'exercer à plusieurs échelles (son établissement scolaire, son quartier, son pays, sa planète...).

Projet : s'engager dans une action bénévole

ÉTAPE 1 Je découvre quelques actions

1 En suivant le modèle du document A, indiquez **comment** et **pourquoi** chacun des citoyens s'engage.

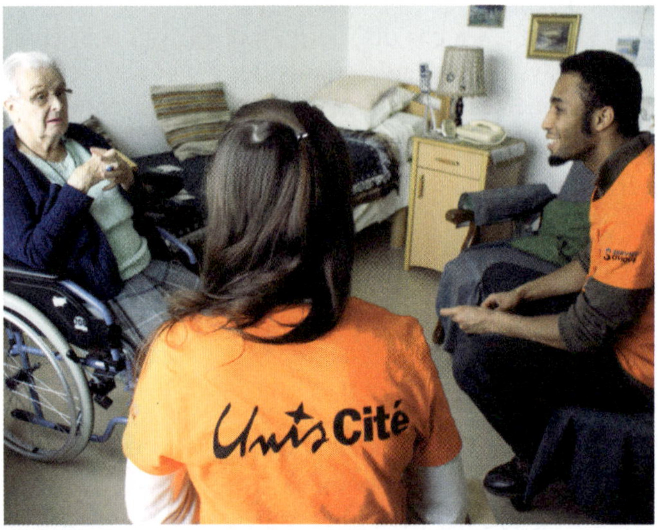

Ⓐ Deux jeunes citoyens s'engagent en passant du temps avec une personne âgée et isolée. C'est une forme de solidarité.

Ⓑ ....

....

....

Ⓒ ....

....

....

Et vous, pour quelle cause souhaiteriez-vous vous engager ?

....

....

....

....

....

....

....

....

....

....

ÉTAPE 2 J'identifie une mission courte

Une « mission courte », c'est une action de quelques heures jusqu'à une journée. Elle peut se dérouler au sein de l'établissement scolaire ou à l'extérieur.

2 **Dans votre établissement, renseignez-vous auprès de la Vie scolaire, du Comité d'éducation à la santé et à la citoyenneté (CESC), du Conseil de vie lycéenne (CVL) pour connaître les actions déjà mises en place ou pouvant être mises en place.**

Notez les renseignements trouvés : ....

....

3 **Pour trouver une mission près de votre établissement, connectez-vous aux sites Internet de Tous bénévoles ou de France Bénévolat. Inscrivez la commune de votre établissement.**

Notez un exemple de mission : ....

TOUS bénévoles

France Bénévolat — Du coeur à l'action —

ÉTAPE 3 Je réalise la mission retenue

4 **Prenez contact avec l'association ou les responsables de l'action. Engagez-vous !**

5 **Racontez votre mission.**

PARCOURS VERT **Collez ici une photographie qui a été prise pendant votre mission.**

Ajoutez un commentaire pour expliquer votre expérience.

....

....

....

....

PARCOURS BLEU **Rédigez un article pour le journal de votre établissement.**

Décrivez votre mission, donnez vos impressions et expliquez vos motivations citoyennes.

....

....

....

....

....

....

....

....

....

....

Fil Rouge **Après votre expérience, définissez les mots « association » et « engagement » dans votre ABC de l'EMC page 137.**

Thème 2 La protection des libertés : défense et sécurité

COMPÉTENCE Effectuer une recherche documentaire en faisant preuve d'esprit critique

La défense et la sécurité des personnes et des biens

Préserver l'indépendance de la France, sa souveraineté, protéger les libertés en assurant la sécurité des personnes, des biens et de l'environnement sont des missions de l'État inscrites dans la Constitution de la Ve République. Le président de la République en est le garant, avec, sous son autorité, les forces armées, la police nationale et la gendarmerie et avec l'aide des membres de la sécurité civile. Si les missions de défense et de sécurité relèvent de métiers spécialisés, tous les citoyens ont un rôle à jouer et une responsabilité à exercer.

Photographie d'une opération Sentinelle, à la gare de Lyon-Perrache, en 2019.

DOC. 1 Des acteurs de la défense : les membres de l'opération Sentinelle

Dans le cadre de l'opération Sentinelle lancée en janvier 2015, 10 000 soldats (dont 3 000 en réserve) sont engagés sur le territoire national pour défendre et protéger les Français.

- Les 29 et 30 août 2020, les militaires de l'opération Sentinelle ont participé à la sécurisation du Tour de France à Nice (06), événement estival majeur sur la zone de défense et de sécurité (ZDS) Sud.
- Du 12 au 17 août 2020, une unité de l'armée de Terre a participé à la sécurisation du pèlerinage de l'Assomption à Lourdes (65), dans le cadre de l'opération Sentinelle sur la zone de défense et de sécurité (ZDS) Sud.
- Le 27 décembre 2016, des militaires déployés dans le cadre de l'opération Sentinelle sont venus en aide à une victime d'arrêt cardio-respiratoire dans un restaurant de Levallois-Perret.

Site Internet du ministère des Armées, 4 décembre 2020.

1 DOC. 1 **Complétez le tableau suivant.**

Date de l'opération	Lieu de l'opération	Motif de l'opération
29-30 août 2020	....	....
12-17 août 2020	....	....
27 décembre 2016	....	....
Menez l'enquête : notez une autre action récente effectuée dans le cadre de l'opération Sentinelle.		
....	....	....

2 DOC. 1 **Identifiez la mission principale de l'opération Sentinelle.**

....

3 DOC. 1 **Pourquoi peut-on dire que l'opération Sentinelle protège les libertés et les citoyens ?**

....

....

....

....

DOC. 2 Le Service national universel (SNU)

Pendant deux semaines, des jeunes filles et garçons âgés de 15 à 16 ans participent au séjour de cohésion : un moment de vie collective en dehors de leur département d'origine. Puis, pendant deux autres semaines, ils s'engageront auprès d'une association, d'une administration ou d'un corps en uniforme pour réaliser leur mission d'intérêt général. Enfin, s'ils le souhaitent, ils pourront poursuivre l'aventure avec une période d'engagement de trois mois minimum.

Le SNU a quatre objectifs qui visent à faire des jeunes les acteurs de leur citoyenneté : transmettre un socle républicain, renforcer la cohésion sociale, développer une culture de l'engagement, accompagner l'insertion sociale et professionnelle.

Sept thématiques sont au cœur du SNU : activités physiques, sportives et de cohésion ; citoyenneté et institutions nationales et européennes ; découverte de l'engagement ; développement durable et transition écologique et solidaire ; autonomie, connaissance des services publics et accès aux droits ; culture et patrimoine ; défense, sécurité et résilience nationales.

Site Internet du gouvernement, présentation du Service national universel, janvier 2021.

Affiche pour le SNU, 2020.

4 DOC. 2 **Soulignez dans le texte les personnes concernées par le SNU.**

5 DOC. 2 **Complétez le texte suivant.**

Le SNU se réalise en .... étapes. La première est appelée .... et dure ....

La deuxième étape est une mission d'.......................... (par exemple auprès d'une association) d'une durée de .... La dernière étape, facultative, dure .... minimum et propose de s'engager dans une action à déterminer.

6 **Pourquoi le SNU contribue-t-il à construire la culture de la défense et de la sécurité chez les jeunes Françaises et Français ?**

....

....

....

....

Le saviez-vous ?

Le service national, appelé auparavant « conscription » puis « service militaire », a été créé en 1798. Il correspond à une période de mobilisation du citoyen pour assimiler une instruction militaire et citoyenne. Il a été suspendu en 1997. Le SNU, quant à lui, n'est pas un service militaire. Il ne comporte pas de formation militaire.

Vers le projet

Le gouvernement vous demande de réaliser un post sur l'esprit de Défense sur un réseau social. Choisissez un acteur de la Défense nationale et valorisez une de ses actions visant à protéger les valeurs de la République.
Préparez votre post.

Je choisis un acteur : ☐ un policier ☐ un gendarme ☐ un réserviste ☐ un sapeur-pompier ☐ un citoyen

Je choisis une action : ....

J'identifie les valeurs de la République en jeu : ....

Je trouve un slogan accrocheur : ....

Fil Rouge

Qu'avez-vous retenu ? Notez dans votre ABC de l'EMC page 137 les définitions de « Défense et sécurité nationale » et de « Service national universel ».

Thème 2

La protection des libertés : défense et sécurité

COMPÉTENCE Mettre à distance ses opinions personnelles pour construire son jugement

Réseaux sociaux et esprit critique

Les réseaux sociaux sont aujourd'hui au cœur des enjeux des pratiques liées au numérique. Ambivalents, porteurs de menaces mais aussi de nouvelles formes de collaboration, les réseaux sociaux supposent la vigilance et l'esprit critique de tous ses utilisateurs.

PARCOURS VERT

Anna s'informe grâce à l'application Instagram. Sur ces deux captures d'écran de son smartphone, on remarque qu'elle a accès à des informations concernant : le cinéma, les stars de la téléréalité, les influenceurs, l'humour, les actualités politiques.

1 **Sur le document, placez les numéros correspondant aux différentes rubriques dans les étiquettes :**
Actualités politiques 1 Films, cinéma 2 Anecdotes : maquillage, stars de la téléréalité… 3

DOC. 1 **Diverses façons de s'informer**

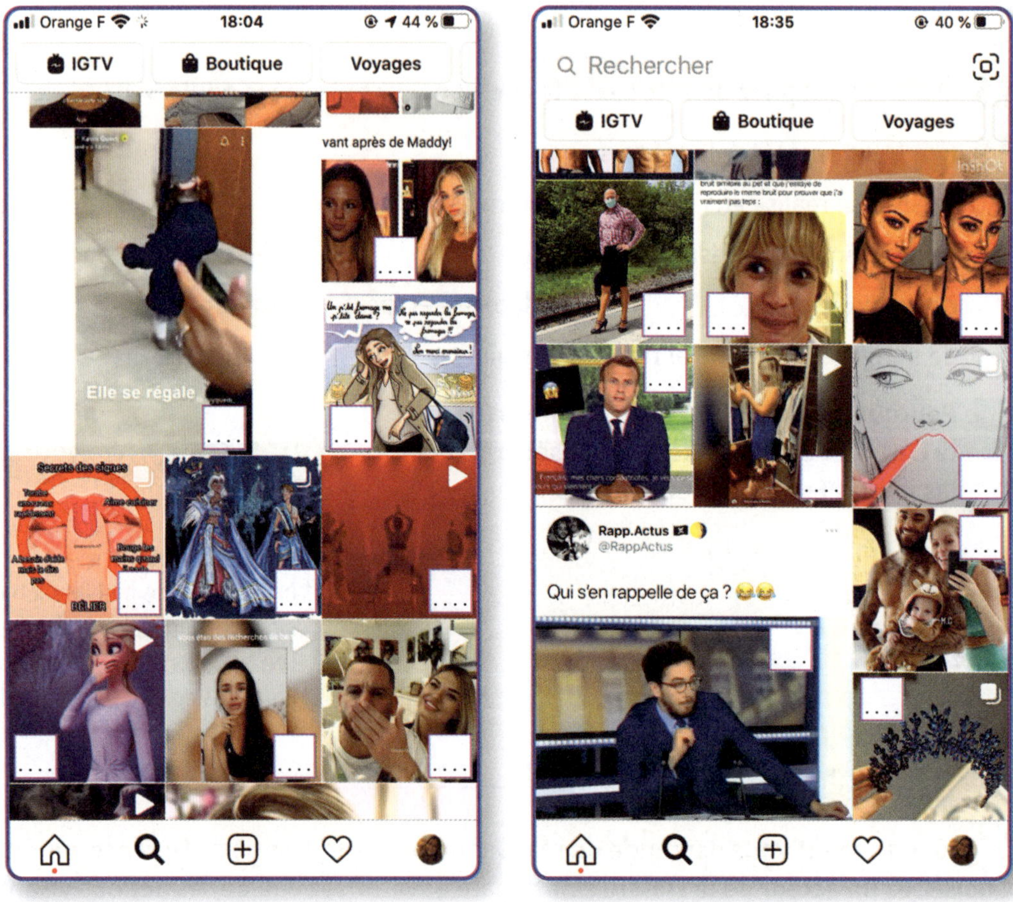

2 **DOC. 1** **Quels sont les indices qui vous ont permis de repérer les « Actualités politiques » ?**

……………………………………………………………………………………………

3 **Pourquoi les informations d'actualités politiques présentées ne sont-elles pas forcément fiables ?**

……………………………………………………………………………………………

……………………………………………………………………………………………

4 **Anna estime qu'elle s'informe grâce à Instagram. En une phrase, donnez-lui un conseil qui lui permettrait de s'assurer de la fiabilité des informations.**

« …………………………………………………………………………………… »

PARCOURS BLEU

DOC. 2 Un exemple de *fake news* : la mort annoncée d'Omar Sy en 2016

Mercredi 2 mars 2016, Twitter s'enflamme. La cause ? On annonce la mort d'Omar Sy sur sa page Wikipédia. L'acteur français a dû démentir sa propre mort en direct !

Non, Omar Sy n'est pas mort ! Tout commence quand la page Wikipedia de l'acteur de *Chocolat* est mise à jour annonçant sa mort, en marge d'une fusillade à Los Angeles. Évidemment, l'information crée un véritable buzz et des centaines de milliers d'internautes font part de leur désarroi avec le hashtag #RIPOmarSy sur Twitter. Mais il n'en est rien. L'acteur – en séjour à la montagne – a mis fin aux rumeurs à sa façon, en postant sur son compte le message suivant : “Le jour où la connerie est tombée du ciel, rares sont ceux qui avaient un parapluie”.

Camille Moreau, « Fausses morts des célébrités : les plus grosses bourdes des médias », site Internet de la revue *Marie-Claire*, 2 mars 2016.

DOC. 3 La réponse d'Omar Sy

Capture d'écran du compte Twitter d'Omar Sy, 1er mars 2016.

Le saviez-vous ?

Les sites Internet Le Décodex ou Hoaxbuster vous aident à vérifier les informations et identifier les rumeurs.

5 DOC. 2 **Comment se propage la rumeur du décès d'Omar Sy ?** ....

....

6 DOC. 2 **Pourquoi peut-on croire à cette rumeur ?** ....

....

7 DOC. 2 **Quelles sont les précautions qui n'ont pas été prises par les personnes qui ont relayé la fausse information (ou *fake news*) ?** ....

....

8 DOC. 3 **Comment a réagi Omar Sy ?** ....

....

....

Vers le débat

Pour préparer le débat « Les réseaux sociaux permettent-ils de s'informer ? », classez vos arguments.

– .... – ....

– .... – ....

Fil Rouge

Lisez dans votre ABC de l'EMC page 137 la définition de « civisme ». On parle également de « civisme numérique » pour les usagers du numérique. Comment le définiriez-vous ?

Pour moi, le civisme numérique, c'est ....

....

OBJET D'ÉTUDE 1 Devenir citoyen, de l'École à la société

+ Schéma animé
L'essentiel de l'objet d'étude 1 d'EMC
www.lienmini.fr/40175-25

L'essentiel

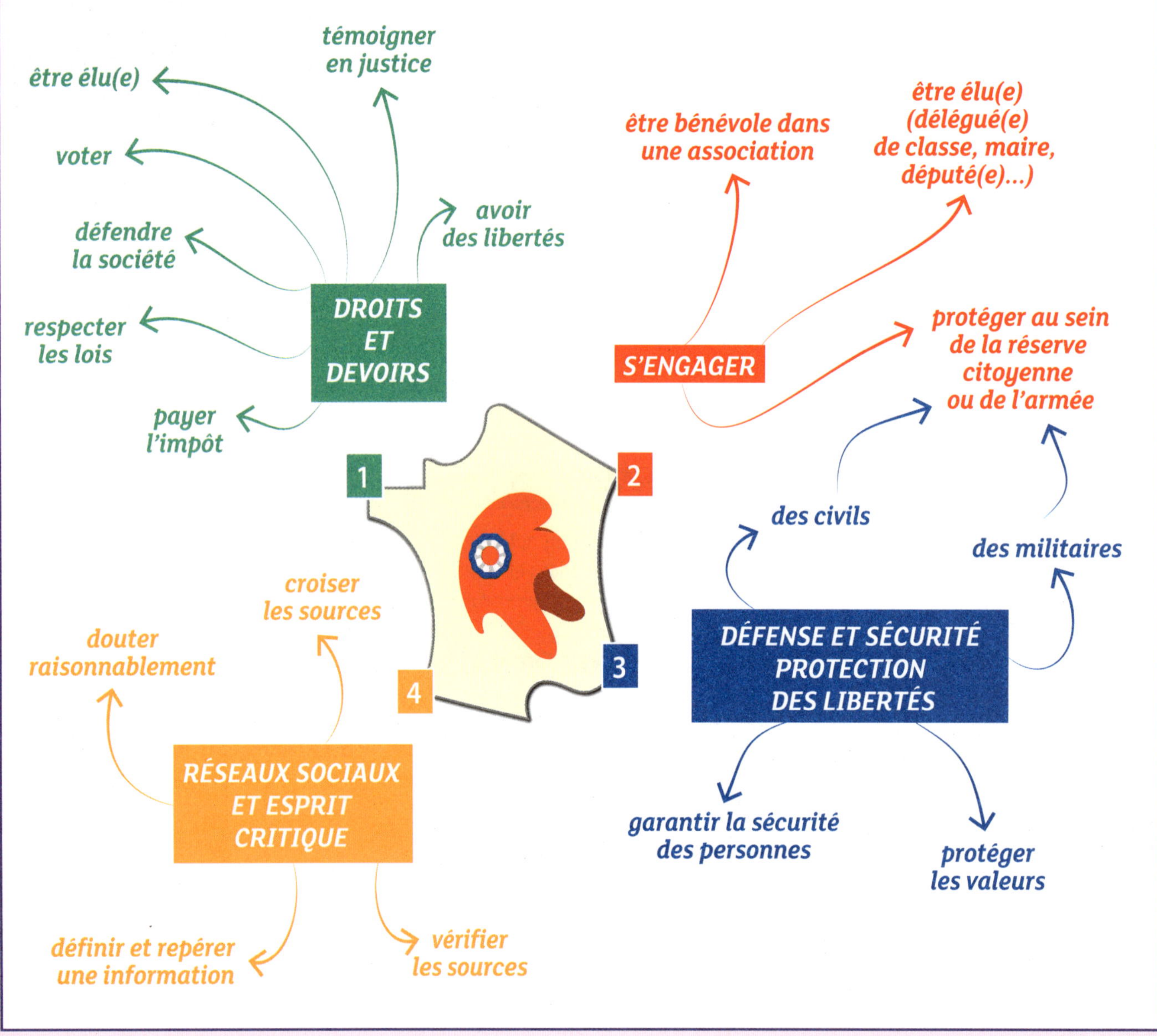

REPÈRES CHRONOLOGIQUES

- 1789 : Déclaration des droits de l'homme et du citoyen du 26 août 1789 (voir les articles 6, 11, 13, 14)
- 1798 : La conscription devient universelle et obligatoire
- 1958 : Constitution de la Ve République
- 1989 : Convention internationale des droits de l'enfant (voir les articles 12 et 13, 14, 15 et 16)
- 1995 : Mise en place du plan Vigipirate (opération Sentinelle à compter de 2015)
- 1997 : Suspension du service national
- 2004 : Charte de l'environnement de 2004 (voir les articles 1, 2, 3, 4)
- 2012 : Charte des droits et devoirs du citoyen français
- 2014 : Loi pour l'égalité réelle entre les femmes et les hommes
- 2018 : Création du Service national universel (SNU)

JE PRÉPARE L'EXAMEN

Mon choix de documents

A

Extrait de la Charte des droits et devoirs du citoyen français (2012)

› p. 139

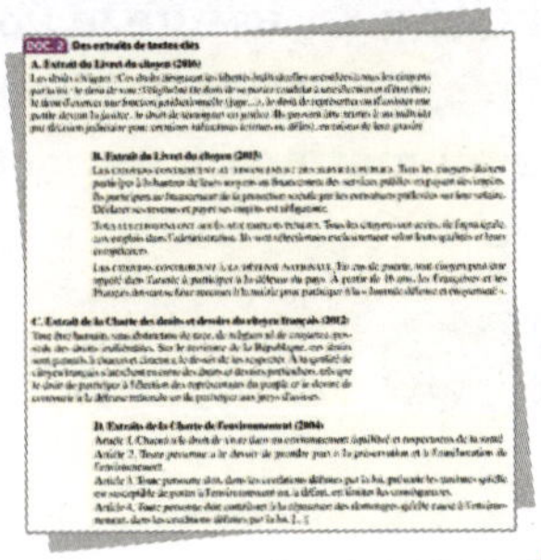

B

Présentation de l'opération Sentinelle (2020)

› p. 142

C

....

....

....

Collez ici un document de votre choix (découpé ou photocopié)

Titre et références du document retenu : ....

ÉTAPE 1 Je présente le document

- J'indique la nature du document, son auteur, sa date, le lieu concerné. ....

....

- Je note le sujet du document. ....

....

ÉTAPE 2 J'analyse le document

- Je relève les principales informations. ....

....

- J'établis des liens avec des éléments des programmes d'EMC et d'histoire-géographie. ....

....

ÉTAPE 3 Je comprends le document

- J'indique les valeurs de la République en jeu dans le document. ....

....

- Quel est l'intérêt du document ? Quelles sont ses limites éventuelles ? ....

....

ÉTAPE 4 Je conclus

- Qu'est-ce que le document m'a permis de comprendre ? ....

....

....

....

....

....

....

JE M'AUTO-ÉVALUE

- ☐ Je mobilise des connaissances.
- ☐ Je donne le sens global du document.
- ☐ Je fais preuve d'esprit critique face au document.
- ☐ Je développe un discours oral argumenté et personnel.
- ☐ Je m'exprime de manière claire et correcte.

OBJET D'ÉTUDE 2

Liberté et démocratie

La liberté est une valeur et un droit fondamental inscrit dans la Déclaration des droits de l'homme et du citoyen de 1789. Présente dans la devise républicaine « Liberté, égalité, fraternité » et inséparable de la laïcité qui « assure la liberté de conscience », elle est définie et protégée par les lois. L'exercice des libertés est garanti par la reconnaissance des différences, la promotion du respect de l'autre et la lutte contre les discriminations.

Je fais le point sur mes connaissances

1 Complétez les bulles ci-dessous. « Pour moi, être libre c'est pouvoir...

2 Relisez la Déclaration des droits de l'homme et du citoyen, page 9, puis recopiez l'article qui définit la liberté.

page 9

....

3 Reliez chaque notion à sa définition.

Liberté de conscience ●	● Liberté de se regrouper entre individus pour suivre un objectif commun.
Liberté d'association ●	● Droit qui protège la vie privée. Exemples : un médecin ne peut pas révéler les éléments du dossier médical d'une personne sans son accord ; le droit à l'image est protégé.
Liberté syndicale ●	● Liberté de créer à plusieurs un syndicat et liberté d'adhérer au syndicat de son choix.
Droit au respect de la vie privée ●	● Liberté d'avoir les valeurs, les opinions et les croyances que l'on veut.

Le saviez-vous ?

La Liberté est traditionnellement représentée sous les traits d'une femme.
La statue de la Liberté à New York montre une femme portant une tablette, symbole de la loi, et brandissant une torche en référence à la période des Lumières : la Liberté éclaire le monde.

J'entre dans l'objet d'étude

Des libertés individuelles et collectives

4 Notez sous chaque photographie la liberté qui est représentée. Aidez-vous de l'arbre de la liberté page 158.

5 Donnez une définition du mot « liberté » dans le Fil rouge.

6 Prenez position. Quelle est pour vous la liberté la plus importante ? Pourquoi ?

Ⓐ Une manifestation (marche pour le climat, 2019)

Ⓑ Un kiosque à journaux

Ⓒ Des voyageurs dans un aéroport international

Ⓓ Une association sportive

Ⓔ Un lieu de culte

Ⓕ Un concert

Fil Rouge

Au fur et à mesure des pages, complétez la définition des notions suivantes.

ABC de l'EMC

Citoyen numérique : individu qui sait utiliser, en toute sécurité, les outils numériques, a un regard critique, adopte une attitude responsable sur Internet.

Démocratie : système politique dans lequel le pouvoir appartient à l'ensemble des citoyens.

Discrimination :

Laïcité et liberté de conscience :

Liberté :

Libertés collectives et individuelles : ensemble des libertés à l'échelle des groupes sociaux (libertés collectives : liberté de la presse, liberté de réunion, liberté d'association, liberté de commerce…) et à l'échelle de l'individu (exemples : liberté de conscience et d'expression, liberté de circulation, de se marier, d'être présumé innocent si on est arrêté par la police et présenté à la justice, d'avoir un avocat pour se défendre, d'être traité par la justice selon une loi égale pour tous).

Thème 1

La liberté, nos libertés, ma liberté

COMPÉTENCE Construire et exprimer une argumentation cohérente et étayée en s'appuyant sur les repères et les notions du programme

Nos libertés et la reconnaissance des différences

VERS LE CAP

ÉTAPE 1 Je présente le document

Identifiez la nature, l'auteur, la date, le lieu et le sujet du document.

....

....

....

....

....

....

Affiche sur la loi contre les discriminations

Affiche de l'association THEMIS, association d'accès au droit pour les enfants et les jeunes, novembre 2018.

ÉTAPE 2 J'analyse le document

Établissez des liens avec le programme d'EMC et d'histoire-géographie.

....

....

....

....

....

....

ÉTAPE 3 Je comprends le document

Expliquez les valeurs de la République en jeu.

....

....

....

....

....

ÉTAPE 4 Je conclus

Montrez pourquoi ce document est intéressant.

....

....

....

....

Je lutte contre une discrimination : le sexisme

À la suite de la loi du 4 août 2014 pour l'égalité réelle entre les femmes et les hommes, plusieurs campagnes de sensibilisation contre le sexisme ont été organisées en France.

DOC. 1 Différentes affiches contre le sexisme

① Affiche du syndicat CGT, 2016.

② Ministère de la Ville, de la Jeunesse et des sports, affiche contre les préjugés sexistes, 2016.

③ Mairie de Paris, campagne contre le harcèlement de rue, 2016.

VOCABULAIRE

Sexisme : attitude discriminatoire fondée sur l'idée d'une inégalité entre les sexes, plaçant l'un des deux sexes en situation d'infériorité.

+ Document
Extraits de la loi de 2014 pour l'égalité réelle entre les femmes et les hommes
www.lienmini.fr/40175-26

1 Analysez et comparez ces 3 affiches en complétant le tableau.

	Affiche 1	Affiche 2	Affiche 3
Quelle est la situation sexiste évoquée ici ?	....	....	....
Quels sont les points forts de l'affiche ?	....	....	....

2 Indiquez l'affiche qui vous paraît la plus convaincante. Expliquez votre choix.

Je choisis l'affiche n° ...... C'est une affiche convaincante parce que ....

....

Débat L'égalité entre hommes et femmes progresse-t-elle ?

Projet Réalisez une affiche pour lutter contre le sexisme. Déterminez un public cible, choisissez une situation du quotidien, tentez l'humour.

Fil Rouge Notez la définition du mot « discrimination » dans l'ABC de l'EMC, page 149.

Thème 1

La liberté, nos libertés, ma liberté

COMPÉTENCE Construire et exprimer une argumentation cohérente et étayée en s'appuyant sur les repères et les notions du programme

Liberté et culture numérique

Aujourd'hui, l'utilisation du numérique est devenue quotidienne pour la plupart d'entre nous : pour le travail, les loisirs, les communications, pour se documenter… Néanmoins nous devons être vigilants pour préserver nos libertés.

Vers le débat : Sommes-nous surveillés sur Internet ?

ÉTAPE 1 Je constate

Alexandre a réalisé trois captures d'écran de son smartphone.

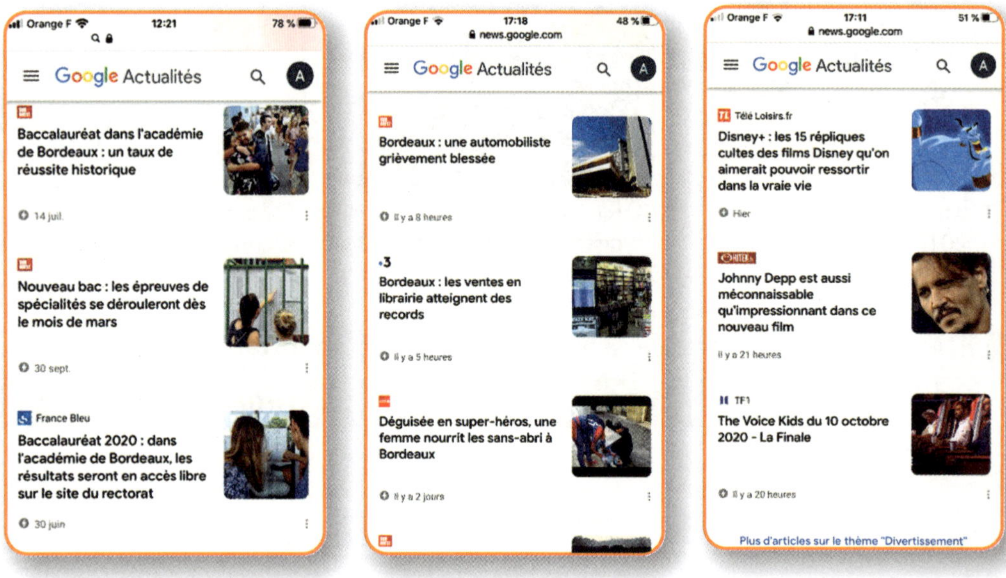

1 **Sur ces captures d'écran, quels types d'informations apparaissent ?**

……………………………………………………………………………………………………

……………………………………………………………………………………………………

2 **En vous appuyant sur les informations de ces documents, cochez les bonnes réponses.**

a. Alexandre est… ☐ un adolescent ☐ un employé de librairie ☐ un retraité

b. Il habite… ☐ à Paris ☐ à Bordeaux ☐ à Marseille

c. Ses centres d'intérêt sont… ☐ le cinéma ☐ les actualités ☐ le football

3 **Quelle est votre opinion ? Complétez la phrase.**

Pouvoir presque tout connaître de la vie d'une personne à l'aide d'un smartphone, cela ……………………………

……………………………………………………………………………………………………

ÉTAPE 2 Je mène l'enquête

4 **Comment les entreprises numériques comme Google, Microsoft ou Apple récupèrent-elles nos données ? Complétez la phrase suivante. Aide : consultez le site de la CNIL (Commission nationale de l'informatique et des libertés) et son glossaire.**

Les entreprises numériques récupèrent nos ………………………… en déposant des petits fichiers appelés ………………………… qui servent à enregistrer ……………………………………………… pour ensuite les diffuser à des fins commerciales.

ÉTAPE 3 Je reconnais, je m'interroge, je me protège

DOC. 2 Le règlement de Snapchat

Dans toute la mesure nécessaire, lorsque vous apparaissez dans du contenu public ou lorsque vous créez, téléchargez ou affichez un tel contenu, vous accordez également à Snap Inc., nos sociétés affiliées et nos partenaires commerciaux le droit illimité et perpétuel à l'échelle mondiale d'utiliser votre nom, votre image et votre voix, y compris en lien avec du contenu commercial ou sponsorisé. […] Les services peuvent contenir des annonces publicitaires. En contrepartie de l'autorisation que vous accorde Snap Inc. d'accéder aux services et de les utiliser, vous consentez à ce que nous, nos sociétés affiliées et nos partenaires tiers insérions de la publicité dans les services. Comme les services contiennent du contenu fourni par vous et d'autres utilisateurs, de la publicité peut parfois apparaître en regard de votre contenu.

Extrait des conditions d'utilisation de Snapchat, 2020.

5 DOC. 2 **Surlignez dans le texte l'utilisation que fait Snapchat de vos données personnelles.**

6 DOC. 2 **Donnez un exemple concret de ce que Snapchat peut faire avec vos données personnelles.**

DOC. 3 Ce que dit la loi sur les données personnelles

Article 20. Lorsque le mineur est âgé de moins de quinze ans, le traitement n'est licite[1] que si le consentement est donné conjointement par le mineur concerné et le ou les titulaires de l'autorité parentale à l'égard de ce mineur. Le responsable de traitement rédige en des termes clairs et simples, aisément compréhensibles par le mineur, les informations et communications relatives au traitement qui le concerne.

Extraits de la loi n° 2018-493 du 20 juin 2018 relative à la protection des données personnelles.

1. Licite : permis par la loi.

7 DOC. 2 et 3 **Comment Snapchat respecte la loi de 2018 sur la protection des données personnelles ?**

ÉTAPE 4 J'organise mes arguments

Complétez le schéma pour organiser les arguments en vue du débat « Sommes-nous surveillés sur Internet ? »

Nous sommes surveillés

Par qui sommes-nous surveillés ?

Dans quel but ?

Surveillance ou protection ?

Nous ne sommes pas surveillés

Que dit la loi ?

Fil Rouge Lisez la définition de « citoyen numérique » dans l'ABC de l'EMC, page 149.

Thème 2

La laïcité

COMPÉTENCES Identifier, exprimer et maîtriser ses émotions
S'impliquer dans un travail et coopérer

Un principe républicain

La laïcité est un principe républicain inscrit dans l'article premier de la Constitution de la Ve République : la France est une République laïque qui « assure l'égalité devant la loi de tous les citoyens sans distinction d'origine, de race ou de religion. Elle respecte toutes les croyances ».
Chacun est libre de croire, de ne pas croire, de changer de religion comme le garantit la loi de 1905 avec l'affirmation de la liberté de conscience. Dans les établissements scolaires, la Charte de la laïcité à l'École de 2013 en explique le principe.

Vers le projet

ÉTAPE 1 Je constate

Un graph de Combo, street-artiste, 2015.

Le saviez-vous ?

Ce graph du street-artiste Combo reprend une image créée en 2000 par le designer graphique polonais Piotr Młodożeniec. Depuis sa création, cette image a été largement diffusée. En 2005, le groupe irlandais U2 en fait le symbole de sa tournée mondiale, le Vertigo Tour. Après les attentats de 2015, elle est présente sur les murs de Paris et les réseaux sociaux.

1 **Identifiez les symboles représentés sur ce document.**

....

....

....

....

2 **Expliquez le lien entre le graph de Combo et la laïcité.**

....

....

....

....

ÉTAPE 2 Je prends position

« La laïcité est l'acceptation de toutes les opinions et de tous les comportements qui savent respecter l'autre. »

Albert Jacquard, biologiste, philosophe, *Petite philosophie à l'usage des non-philosophes*, 1997.

« Revenons à la laïcité : c'est la seule solution pour qu'il puisse y avoir la paix entre des gens venant d'horizons différents. »

Élisabeth Badinter, philosophe, écrivaine, magazine *Lire*, 1er mars 2015.

« La laïcité signifie que dans la société nous sommes définis par notre citoyenneté, et en aucun cas par notre religion. »

Abd Al Malik, artiste, musicien, cinéaste, *Place de la République. Pour une spiritualité laïque*, 2015.

3 **Entourez la citation qui vous semble la plus juste.**

4 **Pourquoi avez-vous choisi cette citation ?** ....

....

....

....

ÉTAPE 3 Je prépare un diaporama

Préparez collectivement un diaporama collaboratif « Laïcité = Liberté ».

5 **Décrivez trois situations illustrant ce que la laïcité permet au quotidien.**

– Au lycée, je peux ....

....

– Dans la rue, je peux ....

....

– Chez moi, je peux ....

....

6 **Créez pour votre diaporama une diapositive qui présente chacune de ces trois situations en l'illustrant d'une image et de la référence à un texte repère (exemples : la Déclaration des droits de l'homme et du citoyen de 1789, la loi de 1905, la loi de 2004, la Charte de la laïcité à l'école de 2013).**

7 **Partagez le diaporama via les outils de communication de votre établissement (ENT, blog, site Internet…).**

Et si vous profitiez du 9 décembre, journée de la Laïcité, pour communiquer sur votre projet ?

Coup de pouce

Aidez-vous de la méthode « projet » page 134 pour organiser votre travail.
Pensez à consulter au CDI / CDR les ressources disponibles.

Thème 2

La laïcité

COMPÉTENCE Construire et exprimer une argumentation cohérente et étayée en s'appuyant sur les repères et les notions du programme

La laïcité au travail

A. Pour les agents de la fonction publique

Les agents de la fonction publique sont les personnes qui travaillent au bénéfice de la société (exemples : professeurs, médecins et infirmiers des hôpitaux publics, secrétaires de mairie, gendarmes, agents de service technique, gardiens de prison). De par leurs fonctions et leur statut, ils sont tenus de respecter le principe de laïcité.

DOC. 1 Une situation à l'hôpital public

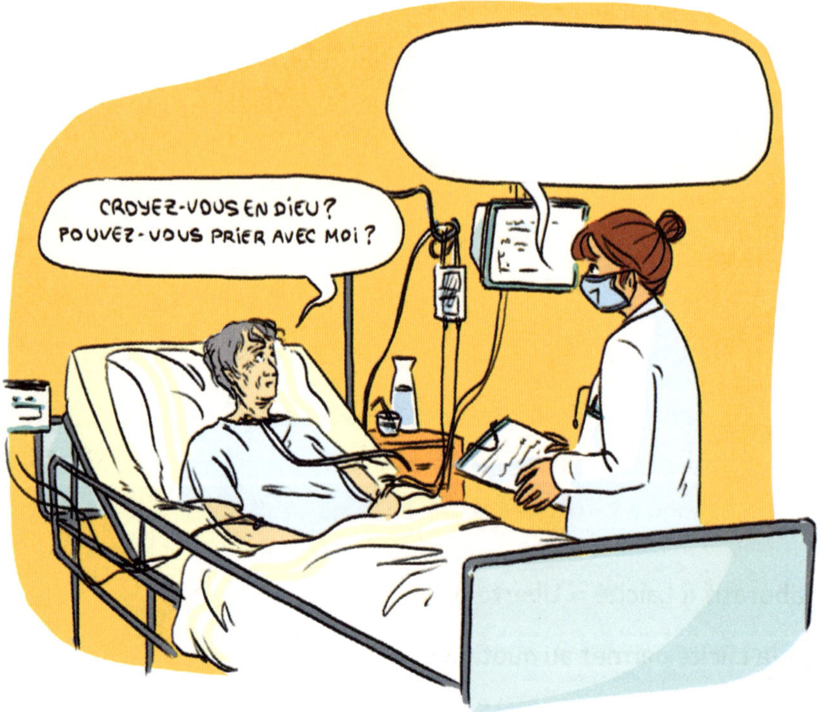

DOC. 2 Ce que dit la loi

– Le fonctionnaire exerce ses fonctions avec dignité, impartialité, intégrité et probité.
Dans l'exercice de ses fonctions, il est tenu à **l'obligation de neutralité**.
– Le fonctionnaire exerce ses fonctions dans le respect du principe de laïcité. À ce titre, il s'abstient notamment de manifester, dans l'exercice de ses fonctions, ses opinions religieuses.
– Le fonctionnaire traite de façon égale toutes les personnes et respecte leur liberté de conscience et leur dignité.

Extrait de l'article 25 de la loi n° 83-634 du 13 juillet 1983, modifié par la loi du 20 avril 2016.

1 DOC. 1 **À votre avis, que répond l'infirmière ? Complétez la bulle de parole sur le dessin.**

2 **Cherchez puis notez la définition du mot « neutralité ».**

....

....

3 DOC. 1 et 2 **Cochez les bonnes réponses.**

D'après la loi, l'infirmière/l'infirmier, qui est un agent de la fonction publique ...

- ☐ peut librement parler de ses opinions religieuses.
- ☐ ne peut pas librement parler de ses opinions religieuses.
- ☐ peut prier avec un(e) patient(e).
- ☐ ne peut pas prier avec un(e) patient(e).
- ☐ peut interdire à un patient(e) de prier.
- ☐ ne peut pas interdire à un(e) patient(e) de prier.

+ Document
Laïcité et fonction publique
www.lienmini.fr/40175-27

B. Pour les employés des entreprises privées

Les entreprises privées ne sont pas tenues à une obligation de neutralité. Elles doivent respecter la liberté de leurs employés de manifester leur religion, dans les limites du bon fonctionnement de l'entreprise.

DOC. 3 Une situation dans un restaurant

DOC. 4 Ce que dit la loi

• **Article L. 1121-1** - Nul ne peut apporter aux droits des personnes et aux libertés individuelles et collectives de restrictions qui ne seraient pas justifiées par la nature de la tâche à accomplir ni proportionnées au but recherché. [...]

• **Article L. 1321-2-1** - Le règlement intérieur peut contenir des dispositions inscrivant le principe de neutralité et restreignant la manifestation des convictions des salariés si ces restrictions sont justifiées par l'exercice d'autres libertés et droits fondamentaux ou par les nécessités du bon fonctionnement de l'entreprise et si elles sont proportionnées au but recherché.

Extraits du Code du travail.

4 DOC. 3 **À votre avis, que répond le chef cuisinier ? Complétez la bulle de parole sur le dessin.**

5 DOC. 3 et 4 **D'après le Code du travail, indiquez ce que doit répondre le chef cuisinier.**

....

....

....

Vers le projet

Par groupes, préparez une planche de bande dessinée sur la laïcité au travail.
Exemples de situations à mettre en scène dans les vignettes :
– lors d'un entretien d'embauche dans une entreprise privée, un(e) candidat(e) demande de garder un bijou lié à sa religion ;
– un(e) employé(e) vient demander à son directeur/sa directrice un jour d'absence pour une fête religieuse...
Pour préparer ce travail, décrivez en quelques mots la situation choisie (personnages, lieu, problème) :

....

....

+ Document
Les règles de la laïcité dans l'entreprise
www.lienmini.fr/40175-28

Fil Rouge

Définissez les mots « Laïcité et liberté de conscience » dans l'ABC de l'EMC page 149.

OBJET D'ÉTUDE 2 Liberté et démocratie

Schéma animé
L'essentiel de l'objet d'étude 2 d'EMC
www.lienmini.fr/40175-29

L'essentiel

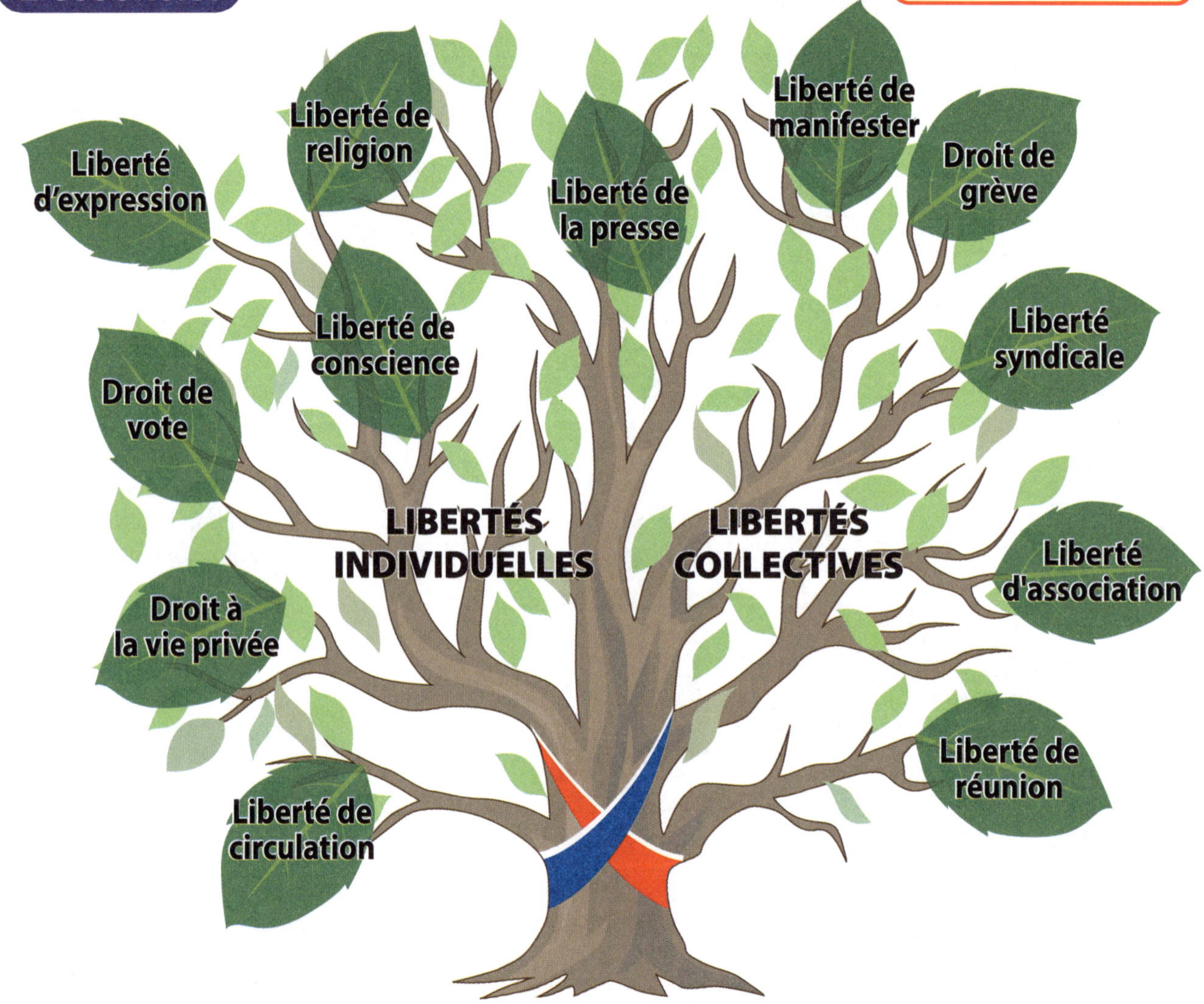

Le saviez-vous ?

L'arbre de la liberté est un symbole fort depuis la Révolution française. Il figure depuis 1999 sur les pièces françaises de 1 euro et de 2 euros.

REPÈRES CHRONOLOGIQUES

XVIIIe SIÈCLE
- **1789** : Déclaration des droits de l'homme et du citoyen

XIXe SIÈCLE
- **1881** : Loi sur la liberté de la presse
- **1882** : Loi sur l'enseignement primaire obligatoire

XXe SIÈCLE
- **1901** : Loi sur la liberté d'association
- **1905** : Loi de séparation des Églises et de l'État

XXIe SIÈCLE
- **2004** : Loi sur l'application du principe de la laïcité dans les établissements scolaires
- **2014** : Loi pour l'égalité réelle entre les femmes et les hommes ; Charte de la laïcité à l'École
- **2018** : Loi relative à la protection des données personnelles

JE PRÉPARE L'EXAMEN

Mon choix de documents

A

Affiche du ministère de la Ville, de la Jeunesse et des Sports. › p. 151

B

Extraits du règlement de Snapchat

› p. 153

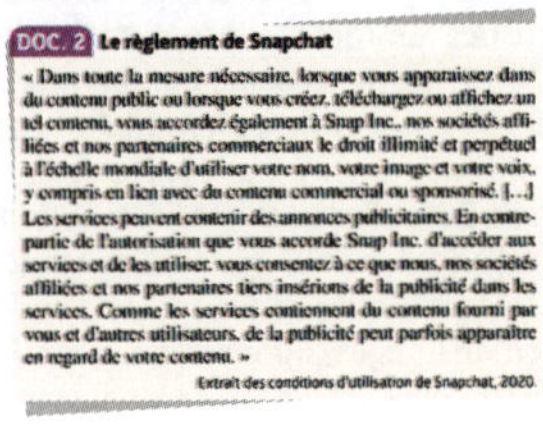

DOC. 2 **Le règlement de Snapchat**

« Dans toute la mesure nécessaire, lorsque vous apparaissez dans du contenu public ou lorsque vous créez, téléchargez ou affichez un tel contenu, vous accordez également à Snap Inc., nos sociétés affiliées et nos partenaires commerciaux le droit illimité et perpétuel à l'échelle mondiale d'utiliser votre nom, votre image et votre voix, y compris en lien avec du contenu commercial ou sponsorisé. [...] Les services peuvent contenir des annonces publicitaires. En contrepartie de l'autorisation que vous accorde Snap Inc. d'accéder aux services et de les utiliser, vous consentez à ce que nous, nos sociétés affiliées et nos partenaires tiers insérions de la publicité dans les services. Comme les services contiennent du contenu fourni par vous et d'autres utilisateurs, de la publicité peut parfois apparaître en regard de votre contenu. »

Extrait des conditions d'utilisation de Snapchat, 2020.

C

Combo, graph sur un mur de Paris, 2015.

› p. 154

D

....

....

....

Collez ici un document de votre choix (découpé ou photocopié)

Titre et références du document retenu : ....

ÉTAPE 1 Je présente le document

- J'indique la nature du document, son auteur, sa date, le lieu concerné. ....

....

- Je note le sujet du document. ....

....

ÉTAPE 2 J'analyse le document

- Je relève les principales informations. ....

....

- J'établis des liens avec des éléments des programmes d'EMC et d'histoire-géographie. ....

....

ÉTAPE 3 Je comprends le document

- J'indique les valeurs de la République en jeu dans le document. ....

....

- Quel est l'intérêt du document ? Quelles sont ses limites éventuelles ? ....

....

ÉTAPE 4 Je conclus

- Qu'est-ce que le document m'a permis de comprendre ? ....

....

....

....

....

....

....

JE M'AUTO-ÉVALUE

- ☐ Je mobilise des connaissances.
- ☐ Je donne le sens global du document.
- ☐ Je fais preuve d'esprit critique face au document.
- ☐ Je développe un discours oral argumenté et personnel.
- ☐ Je m'exprime de manière claire et correcte.

Crédits photographiques

Couverture : place de la Nation, Paris. Bertrand Gardel/Hemis.

Intérieur : p. 2 : Musée Carnavalet/Roger-Viollet ; Timbre 50e anniversaire du Traité de l'Élysée dessiné par Tomi Ungerer et mis en page par Bruno Ghiringhelli/Musée de La Poste, Paris/La Poste 2021/réf. YT4711/Ayants droit Tomi Ungerer/Diogenes Verlag AG Zürich – **p. 3 :** GPMH - GMP ; Éric Bouloumie/Hemis – **p. 4 :** Unis-Cité ; Samuel Boivin/NurPhoto/AFP – **p. 6 :** Selva/Leemage ; Denis/Rea ; Service d'information du Gouvernement – **p. 7 :** akg-images – **p. 8 :** Archives départementales de l'Indre (1 B 646) – **p. 9 :** Déclaration des droits de l'homme, Letourmi, gravure, inv. 1991.53/Coll. Musée de la Révolution française - Domaine de Vizille – **p. 10 :** Collection particulière/Photo : Olivier Jeanne-Rose – **p. 11 :** BnF – **p. 12 :** gallica.bnf.fr ; aisa/Leemage – **p. 14 :** BnF/Bridgeman images – **p. 16 :** Aisa/Leemage/Bridgeman ; aisa/Leemage ; Archives nationales ; BnF/Bridgeman images – **p. 17 :** gallica.bnf.fr – **p. 18 :** RMN-Grand Palais (Château de Versailles)/Gérard Blot – **p. 19 :** Musée Carnavalet/Roger-Viollet ; gallica.bnf.fr – **p. 20 :** L'Illustration, samedi 16 décembre 1848/Archives départementales de Saône-et-Loire, PR 56/5 – **p. 21 :** Marcel Gromaire, *L'Abolition de l'esclavage*/ADAGP, Paris, 2021/Musée La Piscine (Roubaix), Dist. RMN-Grand Palais/photo Arnaud Loubry ; Ministère de la Culture-Médiathèque de l'Architecture et du Patrimoine, Dist. RMN-Grand Palais/Atelier de Nadar – **p. 23 :** Roger-Viollet – **p. 25 :** BnF – **p. 26 :** monnaies d'antan ; Giancarlo Costa/Bridgeman Images ; akg-images – **p. 27 :** Citimages – **p. 29 :** Caricadoc/Bridgeman Images – **p. 30 :** Stefano Bianchetti/Bridgeman Images ; Collection Grob/Kharbine-Tapabor – **p. 31 :** BnF ; BnF – **p. 32 :** Robert Doisneau/Gamma-Rapho – **p. 33 :** Keystone-France/Gamma-Rapho – **p. 34 :** Archives départementales des Ardennes, 115W 38 ; Archives électorales du CEVIPOF-Sciences Po, EL 23 ; Archives Charmet/Bridgeman Images – **p. 35 :** Staff/Intercontinentale/AFP – **p. 36 :** Musée de La Poste, Paris/La Poste 2021/réf. YT3352 « 1936 Les congés payés » conception Claude Andréotto d'après photo Marcel Gesgon, CIRIP/ADAGP, Paris 2021 ; Musée de La Poste, Paris/La Poste 2021/réf. YT3353 « 1944 Le droit de vote des femmes » conception Claude Andréotto d'après photo © Collection Viollet ; Musée de La Poste, Paris/La Poste 2021/réf. YT 3195 « La Constitution de la Ve République 1958-1998 » dessiné par Raymond Moretti et mis en page par Jean-Paul Cousin/ADAGP, Paris, 2021 ; Musée de La Poste, Paris/La Poste 2021/réf. YT5070 « Front populaire 1936 – Les premières femmes au gouvernement » dessiné par Ernest Pignon-Ernest et mis en page par Antoine Carolus / ADAGP, Paris, 2021 – **p. 37 :** BnF - **p. 39 :** gallica.bnf.fr ; Citimages ; BnF – **p. 41 :** Henri Cartier-Bresson/Fondation Henri Cartier-Bresson/Magnum Photos ; Nadège Fagoo/Light Motiv – **p. 42 :** Hommage aux pères fondateurs de l'Europe, Zurab Tseretelli/Maison de Robert Schuman, photo : Florent Doncourt/ADAGP, Paris, 2021 – **p. 43 :** Keystone-France/Gamma-Rapho ; akg-images – **p. 44 :** DPA / dpa Picture-Alliance via AFP – **p. 45 :** akg-images/Interfoto/Pulfer – **p. 47 :** Alain Gesgon/CIRIP – **p. 48 :** AGIP/Bridgeman Images ; Keystone-France/Gamma-Rapho ; Eileen Darby/The LIFE Images Collection via Getty Images ; akg-images ; akg-images ; Photo12/Alamy/Keystone Press ; Keystone-France – **p. 49 :** Fritz Meinhard/droits réservés – **p. 50 :** AGIP / Bridgeman Images ; Bundesregierrung/Richard Schulze Vorberg ; Oliver Berg/DPA/ABC/Andia – **p. 52 :** AFP – **p. 53 :** Ludovic Marin/AFP – **p. 54 :** ESA/Novapix/Bridgeman Images – **p. 55 :** Monika Skolimowska/dpa-Zentralbild/dpa Picture-Alliance/AFP – **p. 56 :** Agence Erasmus+ France/Education Formation – **p. 57 :** Camille Vannier – **p. 58 :** Arterra Pictures Library/Alamy/Hemis ; Agence Erasmus+ France/Education Formation ; Timbre 50e anniversaire du Traité de l'Élysée dessiné par Tomi Ungerer et mis en page par Bruno Ghiringhelli/Musée de La Poste, Paris/La Poste 2021/réf. YT4711/Ayants droit Tomi Ungerer/Diogenes Verlag AG Zürich ; Shutterstock – **p. 59 :** Ville de Cestas/Comité de Jumelage de Cestas – **p. 60 :** Union européenne, 2017 – **p. 61 :** Coll. Fondation Jean Jaurès ; Luz, *Charlie Hebdo* du 30 septembre 1992 – **p. 65 :** Oli/Sudpresse/25 juin 2016 ; Henry Nicholls/Reuters – **p. 68 :** Plantu, dessin paru dans *Le Monde* du 5 juin 1991 ; Falcó ; Vadot ; Hassan Bleibel – **p. 69 :** Vadot – **p. 71 :** akg-images/Interfoto/Pulfer ; Vadot – **p. 72 :** Banlieue Ouest ; Miroslaw Pieslak/Newspix/ABC/Andia – **p. 74 :** Frédéric Soltan/The Image Bank Unreleased/Getty Images ; Guillermo Arias/AFP ; Jon Arnold Images/hemis.fr – **p. 75 :** Shutterstock ; Getty Images ; Christian Petersen-Clausen/Getty Images ; Jasmin Merdan/Getty Images – **p. 77 :** Stefano Rellandini/Reuters – **p. 79 :** Klaus Vedfelt/DigitalVision/Getty Images – **p. 80 :** Journal de 13 h de France 2, 28 octobre 2019 / France Télévisions – **p. 83 :** ministère de la Transition écologique – **p. 85 :** ED/RM/Google/Camerapress/Gamma-Rapho – **p. 86 :** Schellhorn/Ullstein Bild via Getty Images ; DHL ; DHL ; DHL ; DHL – **p. 88 :** E/Juan Carlos Hidalgo/EFE/Newscom/MaxPPP – **p. 91 :** Flightradar24 ; Kaspersky, entreprise internationale de cybersécurité – **p. 92 :** Li An / XINHUA/Xinhua via AFP – **p. 93 :** SEMrush – **p. 94 :** VesselFinder – **p. 95 :** Shutterstock – **p. 96 :** Adrien Diss/Aeris Image – **p. 97 :** Logistique Seine-Normandie/Agence d'Urbanisme de la Région Havraise – **p. 98 :** Hutchison Kristan/Sputnik/Sputnik via AFP – **p. 100 :** GPMH-GMP ; Shutterstock ; Shutterstock – **p. 101 :** IGN-Geoportail - **p. 103 :** ministère de la Transition écologique ; SEMrush ; IGN-Geoportail – **p. 104 :** ESA/NASA – **p. 105 :** Unesco – **p. 107 :** IGN-Geoportail ; Shutterstock (Docks) ; Shutterstock (gare) ; Shutterstock (Mucem) ; Rvalette/Wikimedia (préfecture) ; Boris Horvat/AFP (Bel Air) ; Photo12/Alamy/Manfred Gottschalk (rue piétonne) ; Gilles Paire/iStock/Getty Images Plus (vélodrome) – **p. 108 :** « Des images de la France en l'an 2040 », supplément à la lettre de la Datar *Territoires en mouvement* n° 8, **p. 10**, printem**ps 2012** ; travaux issus du programme de prospective Territoires 2040 (2009-2011) – **p. 110 :** Bernard Blanc – **p. 112 :** Charles Platiau/Reuters – **p. 113 :** *Le Monde* – **p. 117 :** Punch Memory – **p. 118 :** Communauté de communes Sud Corse – **p. 119 :** Communnauté de communes Sud Corse/architecte-maître d'œuvre Chabanne/conception Leo3D – **p. 120 :** Action Cœur de Ville ; Création pour la Ville de Montbrison, David Derossis Architecte DE-HMONP ; Direction de la Communication Ville de Cahors/Grand Cahors ; Ville de La Madeleine – **p. 121 :** IFOP – **p. 122 :** Christian Garcia/ECTM – **p. 123 :** Christian Garcia/ECTM – **p. 125 :** Les Planteurs volontaires/ANCT, Agence nationale de la cohésion des territoires – **p. 127 :** JP Teillet pour SONADEV Saint-Nazaire/Maîtrise d'œuvre urbaine : In Situ Architecture-Zéphyr paysages-A2I infra – **p. 128 :** Photothèque VINCI Autoroutes-Alain Tendero/Divergence ; Ian Hanning/REA ; Éric Bouloumie/Hemis ; Romain Rousseaux Perin – **p. 129 :** IGN – **p. 131 :** *Le Monde* ; IFOP ; IGN – **p. 132 :** Mathieu Molinaro, triptyque *Liberté, Égalité, Fraternité* (2007) – **p. 133 :** France2/AFP ; Jacques Loic/Photononstop – **p. 135 :** Shutterstock – **p. 136 :** Catherine Clavery/Adobestock ; Joos Mind/The Image Bank/Getty Image ; Getty image ; Bénard E/Andia.fr – **p. 137 :** Adobestock – **p. 138 :** Stéphane Gautier/Sagaphoto ; Peter Stark/Getty Images ; iStock/Getty Images Plus ; Dalloz, collection des Codes, édition 2021 ; Valérie Goutille/Adobestock ; Adobestock – **p. 140 :** Unis-Cité ; Marta Nascimento/Rea ; Christophe Simon/AFP – **p. 141 :** Tous Bénévoles ; France Bénévolat, association pour le développement de l'engagement bénévole associatif pour une citoyenneté active – **p. 142 :** Nicolas Liponne/NurPhoto/AFP – **p. 143 :** ministère de l'Éducation nationale, de la Jeunesse et des Sports – **p. 147 :** Nicolas Liponne/NurPhoto/AFP – **p. 148 :** Maskot/Getty Images ; Déclaration des droits de l'homme, Letourmi, gravure, inv. 1991.53/Coll. Musée de la Révolution française-Domaine de Vizille – **p. 149 :** Samuel Boivin/NurPhoto/AFP ; Shutterstock ; Shutterstock ; Tom Werner/DigitalVision/Getty Images ; Thierry Chesnot/Getty Images via AFP ; Shutterstock – **p. 150 :** Association Themis – **p. 151 :** CGT ; ministère de la Ville, de la Jeunesse et des Sports ; Ville de Paris/création Parimage – **p. 154 :** Coexist, 2015/Combo Culture Kidnapper/Adagp, Paris, 2021 – **p. 155 :** Alain Denantes/Gamma ; Hannah Assouline/Opale/Bridgeman Images ; Eric Feferberg/AFP – **p. 158 :** Shutterstock – **p. 159 :** ministère de la Ville, de la Jeunesse et des Sports ; Coexist, 2015/Combo Culture Kidnapper/Adagp, Paris, 2021.

Édition : Catherine Jardin

Conception de la couverture et de la maquette intérieure : Véronique Lefebvre

Mise en page : Barbara Tamadonpour – PAO interne

Iconographie : Sandrine Fournié

Cartographie et infographie : coordination : Marie-Christine Liennard ; **réalisation :** Valérie Goncalves, Christel Parolini

Illustrations : Céline Théraulaz (p. 156 et p. 157)

Achevé d'imprimer en Mars 2021 en Italie par L.E.G.O. S.p.A.
N° d'éditeur : MAGSI20200717 – Dépôt légal Mars 2021